Christine Metzger & Elisabeth Ruckser

Brot backen

wie es nur noch wenige können

Servus

⁂ ***Christine Metzger*** * ***Elisabeth Ruckser***

Die Wärme der Backstube

Brot. Mehr brauchen wir nicht. Es hat die Menschheit Jahrtausende lang ernährt: Mehl, Wasser, Salz – als Brei gegessen oder gebacken. Brot ist elementar, ein Produkt, das die Elemente vereint: Die Erde, aus der das Getreide wächst. Wasser als Bestandteil des Teigs und früher Energielieferant für die Mühlen. Luft wiegt die Halme und speist das Feuer, das wiederum die Hitze im Backofen erzeugt.

Noch heute beten wir „Unser tägliches Brot gib uns heute" – in Zeiten des Überflusses eine Floskel. Früher war Brot heilig, es wurde geehrt, wer ihm den Respekt verweigerte, musste mit Strafen rechnen. Es spielte eine wichtige Rolle im Brauchtum, noch heute schenken wir Brot und Salz, Symbole des Wohlergehens und Gelingens.

Geschichten vom Brot sind Geschichten des Erinnerns. An Generationen von Großmüttern, die Brot für ihre Familien gebacken haben. An alte Holzöfen und Mahltechniken, an Bauern, Bäcker und Müller. Es sind Geschichten, die von bäuerlicher Arbeit und alten Handwerkstraditionen erzählen. Wir spüren die Wärme einer Backstube, unsere Nasen nehmen den unvergleichlichen Duft frisch gebackenen Brotes auf.

Zum Glück spielen diese Geschichten nicht nur in der Vergangenheit. Denn es gibt sie noch, die Menschen, die Brot so backen, wie es nur noch wenige können. Wir stellen sie vor und sie verraten uns ihre Geheimnisse – vom Backen und Würzen. Und von der Freude, mit der Hand und etwas Lebendigem zu arbeiten.

Mit diesem Buch wollen wir Geschichten erzählen und am Leben erhalten. Und dort, wo die Feuer der Tradition lodern und frische Glut entfachen, wollen wir auch selbst Hand anlegen und das eine oder andere Brotrezept ausprobieren. Auch dafür möchte dieses Buch ein Leitfaden sein. Die Rezepte stammen von Fritz Potocnik aus dem Waldviertel – seine Anleitungen wurden und werden übrigens von den Gästen der „Ersten Waldviertler Bio-Backschule" (bio-backschule.at) vielfach nachgebacken und stets aufs Neue erprobt – und von Jakob Itzlinger aus Salzburg. Herzlichen Dank dafür!

In diesem Sinn: Viel Vergnügen beim Eintauchen in die Servus-Brotwelt!

Christine Metzger und
Elisabeth Ruckser

Die Erfindung der Landwirtschaft

Auf die Frage, welche Erfindung den Gang der Weltgeschichte grundlegend verändert hat, bekommt man viele Antworten: World Wide Web, Computer, Fernsehen, Auto, Eisenbahn, Buchdruck, Rad ... Das Wort „Landwirtschaft" wird in dieser Liste wohl nicht auftauchen.

Zugegeben, es mag befremdlich wirken, von der „Erfindung" der Landwirtschaft zu sprechen. Die Almwiesen mit den weidenden Kühen, Kornfelder, gelb wogend, braune Ackerflächen, auf denen die Wintersaat zartgrün sprießt, all die Mosaikstücke, die die alpine Landschaft prägen und sich zu einem harmonischen Ganzen vereinen – das soll erfunden worden sein? Das ist doch Natur, wie wir sie suchen und lieben, Natur, deren Produkte uns ernähren. Gottes Schöpfung mag man in dieser Pracht sehen, aber doch nicht einen Akt des Menschen.

Archäologen sind da anderer Meinung. Die meisten „halten die eher bodenständige Vorstellung von der Domestizierbarkeit der Pflanzen und Tiere für die ‚grandioseste' aller Ideen und die Erfindung der Landwirtschaft lässt sich wohl auch aus gutem Grund als eine solche Idee bezeichnen, denn immerhin verdankt sich ihr die bei weitem tiefgreifendste Transformation des menschlichen Alltags", schreibt Peter Watson in „Ideen. Eine Kulturgeschichte von der Entdeckung des Feuers bis zur Moderne".

Die Domestikation von Flora und Fauna ging Hand in Hand mit der Sesshaftwerdung des Menschen vor sich. Diese „tiefgreifendste Transformation des menschlichen Alltags" fand weltweit vor 14.000 bis 6.500 Jahren statt. Die ältesten Siedlungen liegen in Nord-, Mittel- und Südamerika, in Afrika und Asien. Interessant dabei ist: Bei der Untersuchung der insgesamt sieben Fundstellen konnten die Wissenschaftler nachweisen, dass die Menschen in zwei Regionen zeitgleich und von einander unabhängig sesshaft wurden, im Vorderen Orient und in Mittelamerika. Lag die Idee in der Luft? Möglich, denn

Ernteszene um 1880: Auch Jahrtausende nach der Erfindung der Landwirtschaft arbeiteten die Bauern noch mit ganz einfachen Geräten.

in dieser Zeit änderte sich auch das Klima, die Erde erwärmte sich beträchtlich, das Klima, das vorher starken Schwankungen unterworfen gewesen war, stabilisierte sich.

Bleibt die Frage, ob die Landwirtschaft auch in den anderen Regionen autonom erfunden wurde oder ob die Menschen nachahmten, was Pioniere im Nahen Osten und Mittelamerika entwickelt hatten. Was Europa betrifft, lässt sich diese Frage beantworten: Einkorn und Emmer gelangten im 5. Jahrtausend v. Chr. aus dem Vorderen Orient über Griechenland, den Balkan und Ungarn nach Mitteleuropa. Gerste und Weizen werden seit 3.000 v. Chr. im Alpenvorland angebaut. Die Funde in unserer Region, die Auskunft über das Leben der Bauern in der Zeit von 5.000 bis 500 v. Chr. geben, stammen aus Pfahlbauten, die unter Wasser, an Seeufern oder in Feuchtgebieten entdeckt wurden. 111 Pfahlbaufundstellen in sechs Alpenländern sind derzeit als UNESCO-Welterbe gelistet, 56 Stätten liegen in der Schweiz, drei in Bayern, 15 in Baden-Württemberg, fünf in Österreich: drei am Attersee, eine am Mondsee (Oberösterreich) und eine am Keutschacher See (Kärnten).

Und dann haben wir natürlich auch noch unseren „Ötzi", den „Mann aus dem Eis", der vor rund 5.000

Funde in den Pfahlbauten – hier am Attersee – geben Auskünfte darüber, wie sich unsere Vorfahren ernährten. Rechts: Ochsen wurden als Zugtiere eingesetzt wie hier beim Pflügen in Oberbayern.

Jahren in den Ötztaler Alpen starb. Die Analyse seines Mageninhalts beweist, dass zu seiner Nahrung auch zwei Hauptgetreidearten der ersten Ackerbauwelle gehörten: Gerste und Einkorn.

Viele Jahrtausende nach der ersten Domestizierung von Pflanzen und Tieren wurde folgender Satz niedergeschrieben: „Macht euch die Erde untertan." Zu diesem Zeitpunkt gab es bereits Städte, ein Wegesystem, Bewässerungsanlagen und viele andere kulturelle Leistungen, die ohne die Erfindung der Landwirtschaft und die damit verbundene Sesshaftigkeit des Menschen nicht möglich gewesen wären. Heute sucht man nach anderen Deutungen dieses Satzes aus dem Alten Testament und bevorzugt die Formulierung „urbar, dienstbar machen, als Kulturland in Besitz nehmen".

Wie immer man das hebräische Verb „kabasch" übersetzt, es läuft auf dasselbe hinaus: Der Mensch griff in die Natur ein, indem er nicht mehr nur nahm, was sie ihm bot – das vom Halm gefallene Korn des wilden Grases, ein Tier aus einer vorbeiziehenden Herde, das er erlegen konnte. Mit der Kultivierung von Pflanzen und der Tierhaltung passte der Mensch Flora und Fauna seinen Bedürfnissen an. Und er formte die Landschaft, rodete, um Flächen für Wiesen und Felder zu schaffen, pflanzte Bäume dort, wo er Nutzholz schneiden konnte. Wenn wir heute durch die Natur spazieren und sie in all ihrer Schönheit genießen – wer ist sich bewusst, dass all dies Kulturlandschaft ist, die ihre Entstehung der „grandiosesten" aller Ideen verdankt, der Erfindung der Landwirtschaft?

Vorsichtig anklopfen: Roswitha Huber erkennt am Klang, ob das Brot fertig gebacken ist.

Bäuerliches Brot aus dem HOLZBACKOFEN

Seit mehr als 20 Jahren beschäftige ich mich mit Brot. Es ist eine faszinierende Angelegenheit. Aber was kann so faszinierend sein an einer so einfachen Sache?

VON ROSWITHA HUBER

Vor 100 Jahren war das Brotbacken fest im Alltag der Bäuerinnen verankert. Es war eine selbstverständliche Tätigkeit, denn die Wege bis zum nächsten Bäcker waren in entlegenen Berggegenden weit. Daher wurde das Brot nicht gekauft, sondern selbst gemacht. Je wohlhabender eine Region war, desto öfter buken die Bäuerinnen in den gemauerten Holzöfen neben ihren Höfen und Almen oder im örtlichen Gemeindebackofen Sauerteigbrot.

In einer Zeit, in der es darum ging, möglichst viele Menschen von einem Laib Brot satt zu bekommen, machte es einen großen Unterschied, ob man frisches oder altes Brot auf den Tisch brachte. Heutzutage kann sich keiner mehr vorstellen, steinhartes Brot zu essen. Das älteste Brot, das ich gesehen habe, fand ich im Wallis in der Schweiz. Bis in die 1950er-Jahre wurde dort in vielen hoch gelegenen Dörfern nur einmal im Jahr Brot gebacken. Die Gegend ist geprägt von kleinen Getreidefeldern und winzigen Ziegen- und Schafställen. In jedem Dorf gab es ein Backhaus, das jeden Winter nur einmal angeheizt wurde. Es wurde so lange der Reihe nach gebacken, bis jede Familie genug Brot für ein ganzes Jahr hatte.

Gelagert wurden die Brotlaibe unter dem Dach, in Reihen aufgestellt. In den kalten Wintermonaten froren sie, dadurch hatte man mehr oder weniger frisches Brot. In den Sommermonaten trocknete es aus. Man musste das hart gewordene Brot mit einem Beil auseinanderschlagen. Wer Hunger hatte, nagte an den Brotbrocken oder weichte die Stücke in Milch auf. Dadurch, dass nur einmal pro Jahr gebacken wurde, haben die Bewohner dieser Schweizer Dörfer dreifach gespart: erstens an Brennmaterial, da man weniger Holz zum Befeuern brauchte, wenn der Ofen bereits warm war; zweitens an Arbeitszeit, da das Backen in die ruhigste Jahreszeit verlegt wurde und dadurch die Arbeitskraft im Sommer ohne Pause zur Verfügung stand; drittens am Brot selbst, da man weniger aß, wenn das Brot alt und hart war.

Weil früher das Brot auch in unseren Gebirgsregionen lange halten musste, legten die Bäuerinnen großen Wert auf eine geschlossene, dicke Brotrinde. Denn Brot wird besonders dort, wo es aufbricht, trocken und beginnt an dieser Stelle leicht zu schimmeln. Heutzutage kann sich keiner mehr vorstellen, dass noch nicht angeschnittenes Roggensauerteigbrot mit einer geschlossenen Rinde, das im heißen Holzofen gebacken wurde, in einem kühlen Raum mehrere Wochen haltbar ist. Das Brot bleibt sogar schnittfähig. Für viele gilt Brot, das ein oder zwei Tage alt ist, heute bereits als Altbrot.

Brotrezepte werden oft von Generation zu Generation weitervererbt. Eine der ersten Rauriser Bäuerinnen, denen ich beim Brotbacken zuschauen durfte, war die Hohner-Bäuerin. Sie übernahm von ihrer Schwiegermutter nicht nur genauestens das Rezept samt dazugehörigen Schüsseln und Backtrog, sondern auch die Uhrzeiten, zu denen das Brot gebacken wurde. In den ländlichen Regionen machte ich die Beobachtung, dass das Brotbacken die letzte Arbeit am Bauernhof ist, die die Altbäuerin an ihre Nachfolgerin übergibt. Die Tochter oder Schwiegertochter übernimmt das Backen erst dann, wenn die Altbäuerin es nicht mehr kann.

Warum heutzutage so viele Frauen und Männer wieder ihr eigenes Brot backen wollen? Nun, sie suchen oft einen Ausgleich zu ihrer beruflichen Tätigkeit, zu ihren Jobs im Büro, zu ihrer Kopfarbeit. Beim Brotbacken können sie endlich etwas mit ihren Händen machen und am Ende des Tages sehen und schmecken, was man da selbst geschaffen hat. Das fehlt in unserer Gesellschaft!

***Roswitha Huber** ist ausgebildete Lehrerin, Brotbäckerin und Buchautorin. Sie betreibt die „Schule am Berg" im Salzburger Raurisertal. Auf der Kalchkendlalm bäckt sie mit Interessierten im Holzofen traditionelles Sauerteigbrot.*

Roswitha Huber beim Brotbacken auf der Kalchkendlalm im Raurisertal.

DAS DREIGESTIRN

Bauer, Müller, Bäcker

Das gemähte Getreide wurde zu „Mandln" gebunden wie hier im niederösterreichischen Münichsthal in den 1930er-Jahren.

Im Dreigestirn Bauer, Müller, Bäcker steht der Bauer im Zentrum. Sein Beruf ist der älteste – es gibt ihn seit der Erfindung der Landwirtschaft. „Bis tief ins 19. Jahrhundert war der Bauer überall Selbstversorger und Selbstverbraucher, der noch den Urtyp des sesshaften Menschen widerspiegelt", schreibt Sigfried Giedion in „Die Herrschaft der Mechanisierung". Als Produzent war und ist der Bauer autark, über Jahrtausende hat er sein Getreide selbst gemahlen, sein eigenes Brot gebacken. Müller und Bäcker sind vom Landmann abhängig – das Korn bildet die Grundlage ihrer Arbeit.

PROTAGONIST

BAUER

Der Bauer ist autark, aber nicht unabhängig. Seine Grenzen setzt die Natur. Zum Gedeihen seiner Produkte braucht er Wärme, Wasser, Erde. Die Beschaffenheit des Bodens bestimmt, welche Getreidesorten er kultivieren kann: den genügsamen Roggen, den bescheidenen Hafer oder den anspruchsvollen Weizen. Zuviel Wärme oder Wasser ruinieren die Ernten ebenso wie zu wenig Sonne oder Regen. Unwetter, Hagelschlag, Dürre – der Bauer war und ist den Launen der Natur ausgeliefert. Er kennt sie, kann ihre Zeichen deuten – zahlreiche Wetterregeln zeugen davon –, aber letztlich ist der Mensch machtlos. Und hat sich daher zu allen Zeiten und in allen Kulturen an überirdische Wesen gewandt, die er durch Anrufung oder Opfergaben gütig stimmen wollte, damit sie seine Lebensgrundlage vor Zerstö-

DIES BROT KANN MAN JA DIREKT SEINER MAJESTÄT EMPFEHLEN!

Oskar Maria Graf, „Das Leben meiner Mutter“

Eines Tages stieg dicker Rauch aus dem stolz emporragenden Kamin, der Maxl arbeitete mit aufgeweckter, beflissener Eile in der funkelnagelneuen Backstube, und bald darauf roch es in weitem Umkreis nach frischgebackenem Brot. Die Nachbarn schnupperten erstaunt in die Luft. Am frühen Vormittag kam der Maxl mit erfrischtem Gesicht aus dem Haus und trug einen vollen Korb. Glänzende Wecken und knusperige Semmeln lagen darin. Hinter den Fensterscheiben standen die Dörfler und schauten ihm ungut nach. Er ging die ziemlich steil abfallende Dorfstraße, welche zum See-Ufer führte, hinunter. „Was? ... Möcht' der freche Kerl vielleicht gar unserm König sein lumpiges Brot verkaufen?“ murrten die missgünstigen Berger, doch sie irrten. Der erst siebenundzwanzigjährige Monarch (König Ludwig II. von Bayern, Anm. d. V.) hatte äußerst schlechte Zähne und pflegte nur weiches Weißbrot zu verzehren, das der reitende Bote jeden zweiten Tag aus München brachte. Der Maxl ging in die seit zirka einem Jahr eröffnete „Schlosswirtschaft“ vom Karl Wiesmaier, wo das niedere Hofgesinde verkehrte. Den noblen Wirt kannte er seit einiger Zeit. Er schien ihm gewogen zu sein. Es ließ sich gut an, denn die Hofleute saßen eben beim zweiten Frühstück in der holzgetäfelten Gaststube. Jeder schaute gutwillig auf den eintretenden Bäcker, jeder nahm etliche Semmeln aus dem dargereichten Korb, und der Wiesmaier füllte die Brotteller auf den Tischen.

„Das ist ja ausgezeichnet! Prachtvoll! Und wie schön rösch! Und doch weich! Großartig!“ rief der Leibdiener, eine Semmel verzehrend, und wandte sich herablassend an den Maxl: „Der Starnberger Bäcker bringt so was nicht fertig. Drum hat er auch kein Glück gehabt, aber dies Brot kann man ja direkt Seiner Majestät empfehlen! Prosit Herr Bäckermeister! Auf gut Glück!“

Dreschen mit Dampfkraft 1919: „Locomobile“ trieben die Dreschmaschinen an, aber nur wenige Bauern konnten sich diesen Fortschritt leisten.

rung schützten. Die Aufklärer versuchten, diesen Aberglauben zu verbieten, aber ihre Ideen drangen nicht in die abgelegenen bäuerlichen Welten vor, wo man genau wusste, welches Ritual einzusetzen war, um Wind, Wasser und Feuer zu besänftigen und Krankheiten zu vermeiden. Sehr oft opferten die Menschen das, was ihnen am wertvollsten war, weil es ihre Überlebensgrundlage darstellte: Mehl oder Brot.

Wie es aussah, wenn ein Hagelschlag die Arbeit eines ganzen Jahres vernichtete, beschreibt Peter Rosegger in „Erdsegen“: „Auf allen vier Feldern steht kein Halm. Alles tief in den Erdboden geschlagen und zugedeckt mit Eis. Die Deckeln, die wir am Vorabend noch mit solchem Hochgefühl gebaut hatten, liegen da wie gekochte Strohhäuflein.“ Die Getreideernte, die dem Unwetter zum Opfer fiel, hatte der Bauer schon im Frühjahr für einen geringen Betrag an den Kornhändler verkauft; das restliche Geld sollte er nach der Ernte bekommen. Die war nun vernichtet, den Schaden hatte der Bauer.

Lokale Unwetter wie dieses bedrohten „nur“ die Existenz der betroffenen Bauern, unter Missernten größeren Stils hatten alle zu leiden: Klerus, Adel und die Städter, denn sie alle lebten von dem, was die Landmänner erzeugten. Nun möchte man meinen, dass die Bauern als Ernährer einen besonderen Status innehatten und von allen geachtet wurden. In der Antike war das der Fall. Im Mittelalter aber wandte sich das Blatt. Bis zur Wende vom 11. zum 12. Jahrhundert bezeichnete der Begriff „Bauer“ jeden, der seinen Boden bearbeitete. Gab es kriegerische Auseinandersetzungen mussten die freien Bauern zu den Waffen greifen. Erst als die Adeligen Berufskrieger in ihre Dienste nahmen, entstand parallel zum Ritterstand der Bauernstand. Die Ritter, Parvenus und bestrebt, sich nach unten abzugrenzen, zollten den Bauern nicht den geringsten Respekt und achteten weder deren Leben noch deren Hab und Gut. Viele Bauern, die sich bedroht fühlten, suchten Schutz und begaben sich in die Abhängigkeit der Kirche oder des Adels.

Die Bauern bildeten den weitaus größten Teil der Bevölkerung, innerhalb der Ständegesellschaft rangierten sie unter dem Klerus und dem Adel. Ihre Rechtssituation richtete sich danach, ob sie freie oder hörige Bauern oder Leibeigene waren. Nur die wenigen freien Bauern waren Eigentümer ihres Landes, konnten heiraten und unterstanden keinem Grundherrn. Alle anderen mussten Abgaben und Frondienste leisten, je ausschweifender der Adel lebte, desto mehr beutete er die Bauern aus. Die litten zudem darunter, dass die hohen Herren mit großem Gefolge auf die Jagd gingen und dabei regelmäßig die Felder verwüsteten. Die Bauern konnten sich nicht wehren, sie hatten keine Rechte, durften keine Waffen tragen, hatten keine Interessenvertretung. Wenn sie aufbegehrten wie in den Bauernaufständen im 17. Jahrhundert, bekamen sie die geballte Macht der Autoritäten zu spüren.

Die Situation verbesserte sich erst im 19. Jahrhundert. Die Leibeigenschaft wurde abgeschafft und die Herrscherhäuser, die Habsburger wie die Wittelsbacher, wandten ihr Augenmerk der Landwirtschaft und deren Förderung zu. So sorgte zum Beispiel Erzherzog Johann dafür, dass ein 1809 in der Steiermark entwickelter Pflug in der gesamten Donaumonarchie Verbreitung fand. So innovativ dieser Fernitzer Pflug war, sein Betrieb erforderte noch immer den Einsatz der Arbeitskraft von Mensch und Tier.

Die Mechanisierung der Landwirtschaft, die Mitte des 19. Jahrhunderts mit der Produktion des mechanischen Mähers begann, erreichte die Alpenregion erst sehr spät. In abgelegenen Gebieten arbeiteten die Menschen bis in die 1960er-, 1970er-Jahre hinein wie im Mittelalter und mit einfachsten technischen Mitteln: Pflug, Egge, Sense, Dreschflegel.

Im 19. Jahrhundert änderte sich auch das Bild, das Literatur und bildende Kunst vom Bauern zeichneten. Wenn sie bis dato überhaupt Gegenstand künstlerischer Betrachtung gewesen waren, so waren

IN DER DUNKLEN FRÜHE SANGEN DIE SENSEN

Oskar Maria Graf, „Das Leben meiner Mutter"

Der Sommer stieg herauf und reifte eine pralle Ernte. Jeden Tag hieß es: mähen, mähen, mähen! In der dunklen Frühe sangen die Sensen der Aufhauser immer zuerst in den Roggen- und Weizenfeldern. Rauschend sanken die gemähten Büschel zur Erde, sanken und sanken. Langsam wurde es rot über dem fernen Hügelkamm hinter Bachhausen und Farchach. Die Lerchen stiegen trillernd ins Hohe. Die Vögel fingen zu singen an. Der leichte Dunst über den Äckern verwich, und es wurde unbestimmt hell. Schließlich strahlte die aufgehende Sonne schief über die tauglitzernden, wogenden gelben Flächen.

Die Zwillinge kamen den Hang herab und brachten Milch und Brot. Erst nachdem sie den Ackerrain erreicht hatten, schrie der Jani-Hans „Brotzeit!" und alle hielten ein. Jeder schob die blinkende Klinge seiner Sense unter ein eben gemähtes Getreidebüschel, wischte sich veratmend mit der Hand den triefenden Schweiß vom Gesicht und ging hinter dem Baumeister drein.

Buchweizenernte im Waldviertel – wie seine Vorfahren schneidet der Bauer das Getreide mit der Sense.

In abgelegenen Gebieten arbeiteten die Bauern noch bis weit ins 20. Jahrhundert hinein mit Geräten, die man schon im Mittelalter benutzte.

die Angehörigen des Bauernstands immer als dumm und triebgesteuert dargestellt worden. Nun fanden Literaten wie Peter Rosegger und Maler wie Wilhelm Leibl ihre Sujets auf dem Lande. Während die Industrialisierung die Städte überrollte, viele Bauern ihre Scholle verließen und in den Metropolen Arbeit suchten, entdeckten die Künstler die Schlichtheit und die Tugenden des Landlebens und revidierten das Bild vom ungehobelten, dummen Bauern, das seit dem Mittelalter bestand.

„Recht lehrreich wäre es für den Städter, einmal sein Auge auf die Vielseitigkeit des ‚dummen Bauern' zu lenken", schreibt Peter Rosegger in „Erdsegen" und zählt die Vielfalt der Tätigkeiten auf, die ein Bauer beherrschen muss – vom Kornmahlen, Ofenbauen, Brunnengraben, Mostpressen bis zum Wollewirken und Ledergerben. An anderer Stelle vergleicht er den Bauernhof mit einem Staat: „Was für den Staat der Eisenbahnwagen, das ist für den Hof der Bauernkarren. Der fährt vom Feld zur Tenne, von dieser zur Mühle, von dieser zum Backofen, und auf jeder Station gewinnt das Feldprodukt an Wert."

Dieser Bauer aus dem Salzburgerland war stolzer Besitzer eines Pferdes, mit dessen Hilfe er die Ernte nach Hause führte (vor 1929).

Werbepostkarte aus der zweiten Dekade des 20. Jahrhunderts: Gepriesen werden die Eigenschaften des Kunstdüngers Kalisalz.

RECHT VIEL WERT IST DAS KORN NICHT

Oskar Maria Graf, „Das Leben meiner Mutter"

Es war tief am Nachmittag. Langsam neigte sich die glühend heiße Sonne auf das westliche See-Ufer zu. Auf allen Feldern standen hohe Getreidefuhren. Die unruhigen Ochsen und Rösser davor wehrten sich mit Schwanz und Füßen gegen die lästigen Stechfliegen. Auf jeder Fuhre hockte eine Magd oder sonst ein Weibsbild und fing die mächtig volle Gabel, die der Knecht heraufschwang, auf, ordnete die Garben und drückte sie fest nieder. Der Kastenjakl grüßte hin und wieder und sagte etliche beiläufige Worte. Auf der Wegkreuzung, wo die Straße und der Weg, der von Leoni nach Aufkirchen führt, sich überschneiden, blieb er stehen, wischte sich den Schweiß aus dem Gesicht und hob einen Halm vom Boden auf. Er zerrieb die volle Ähre und schrie den Heimraths zu: „Recht viel wert ist das Korn nicht. Der windige Sandboden gibt nichts her!" Die Resl, die auf der hohen Fuhre einhielt, grüßte herüber, und der Much-Girgl spöttelte: „Jaja, dafür wachst auf deinem lumpigen Grund recht viel!" Alle wussten, dass der Kastenjakl seine paar Äcker ziemlich verwahrlosen ließ und nur den Knecht und die alte Pflegerin vom nahen Siechenhaus aufs Feld schickte.

„Für mich ist's Sach' genug!" gab der Andreas grinsend zurück. „Aber bei euch ist's kaum wert, dass ihr wegen so einem bißl fast dreiviertel Stunden von Aufhausen herüberlaufen müsst ..." Das traf zu. Das war der weitest abgelegene Heimrath-Acker.

„Wo man was hat, das holt man's", meinte der Much-Girgl und lachte.

PROTAGONIST

Müller

Mahlen ist ein technisch einfacher Prozess, den die Menschen sicher schon beherrschten, als sie sesshaft wurden. Man braucht nicht mehr als zwei Steine, der untere ruht fest auf dem Boden, der obere wird hin- und herbewegt. Auf diese Weise lassen sich Getreidekörner zu Mehl zerreiben. Einfach, aber langwierig und kräftezehrend. Eine Arbeit für Frauen und Sklaven.

Die mussten sich lange plagen. Wie man aus dem Hin und Her eine runde Sache machen kann, wurde erst zwischen 800 und 500 v. Chr. entdeckt: Man verband die beiden Steine mit einer Achse, um die der obere, der „Läuferstein", kontinuierlich gedreht wurde. Diese Erfindung erlaubte eine relativ rasante Entwicklung der Mahlmühlen. Die Drehung konnte nun mithilfe eines Griffs händisch von einer Person ausgeführt werden. Die Bewegungsenergie ließ sich aber auch von mehreren Menschen oder Tieren erzeugen, die in der „Tretmühle" im Kreis liefen. Dass diese stumpfsinnige Arbeit auch ein Element übernehmen kann, das ohnehin ständig in Bewegung ist, entdeckten die Römer um 120 v. Chr. Damit war die Wassermühle erfunden.

Diese Mühlen wanderten mit dem expandierenden römischen Reich nach Norden. Und versetzten die Menschen in den eroberten Gebieten in Angst

Die Windmühle in Retz, Niederösterreich, in einer Aufnahme aus dem Jahr 1911.

DER TOTE MÜLLER HAT SIE NICHT VERZAUBERN KÖNNEN

Marlen Haushofer, „Himmel, der nirgendwo endet"

Die alte Mühle steht am Bach. Den Kopf an Vaters Beine gelehnt, steht Meta in der grünen Dämmerung, weit fort von Sonnenschein und Vogelliedern. Der Mann mit der weißen Schürze ist der Müller. Sein Gesicht ist flach und weißlich vom Mehlstaub. Aber vielleicht ist es gar kein Mehlstaub. Er redet mit leiser Stimme und hüstelt dazwischen. Meta fürchtet sich vor der Mühle und der Kälte, die vom Bach heraufkriecht. Der Müller sieht aus, als wäre er schon lange gestorben. Der einzige Trost in dieser kalten Wasserwelt ist Vaters warme Hand. Sie fühlt sich an wie Holz, wie sonnengetränktes Holz. Solange sie diese Hand nicht loslässt, kann der Müller sie nicht verzaubern und ihr nichts Böses tun. Sie muss sich bemühen, freundlich an den Müller zu denken. Aber wird er sich täuschen lassen? Liest er nicht unter den falschen freundlichen Gedanken, dass sie alles über ihn weiß? Jetzt tut er etwas Schreckliches mit seinem Mund. Sie mag gar nicht hinschauen, bestimmt hat er grüne Zähne. Dann streckt er die mehlige Hand aus und legt sie auf Metas Kopf. Kälte sickert in ihr Haar und rieselt den Rücken entlang. Krampfhaft umklammert sie Vaters Hand. Der lacht und redet, als merkte er gar nichts. Aber Vater ist schlau; er wiegt den Müller in Sicherheit, bestimmt hat er gleich durchschaut, mit wem er es zu tun hat.

Mindestens ein Jahr dauert es, ehe sie loskommen und wieder auf der Straße stehen und die Sonne die Kälte von Metas Kopf wischt. Meta möchte schreien vor Freude, sie leben, sie leben, der tote Müller hat sie nicht verzaubern können, weil Vater so gescheit ist und weil seine Hände so warm sind.

und Schrecken. „Das religiöse Gefühl dieser Heiden stellte sich sofort auf die Seite der beleidigten Wassergötter ...", schreibt Heinrich Eduard Jacob in „6000 Jahre Brot". „Der römische Müller (galt) als Zauberer, und die Mühlen, in denen das Wasser gemartert, das Wasser aufs Rad geflochten wurde, wurden zu unheimlichen Orten. Wer in einer Mühle wohnte, der hatte die Rache des misshandelten Elements zu fürchten. Der ‚Wassermann' zerriss ihm das Rad."

Nachdem die Römer wieder abgezogen waren, ließ man viele Mühlen verfallen; die Heiden wurden zwar zunehmend zu Christen, doch die Mönche taten sich schwer, ihnen die alten Ängste zu nehmen. Mühlen erzeugen Brot, Brot ist Christus, so die Argumentationskette der Prediger. Da Logik bekanntlich gegen Zauberglauben nicht viel hilft, musste eine Heilige eingreifen, die im Gebiet der heutigen Schweiz wirkte: Verena. Sie besiegte den Teufel, der mit einem Mühlstein nach ihr warf, sie aber nicht treffen konnte. Dann setzte sie den Stein aufs Wasser und nutzte ihn als Boot, wodurch sie auch noch zur Patronin der Schiffsleute wurde.

Bei der Verbreitung der Wassermühlen zeigen sich regionale Unterschiede. Wo Klöster gegründet wurden wie zum Beispiel in Salzburg, gehörten Mühle und Backofen zur Grundausstattung. Im heutigen Stadtgebiet von München entstand die erste Mühle 957, also lange vor der Gründung der Stadt. In Kärnten sind Mühlen seit 822 belegt, sie gehörten zum Hof und waren einfach konstruiert: Das Mühlrad lag horizontal im Wasser und bewirkte nur eine sehr langsame Drehung des Mühlsteins. Im Freilichtmuseum Maria Saal ist noch eine der für Nordkärnten typischen „Flodermühlen" zu sehen. Im Weinviertel wurde noch bis ins 11. Jahrhundert hinein mit der Handmühle gemahlen, Hirse und Buchweizen zerstampfte man in steinernen Mörsern.

Erst im 11., 12. und 13. Jahrhundert entdeckte das Abendland, was Mühlen leisten können und wie vielseitig sie einsetzbar sind: Mahlen, Hämmern, Sägen,

Die Schiffsmühle bei Langenzersdorf war eine von vielen, die an der Donau standen. Sie dienten der Versorgung der großen Städte.

Stampfen … Man nutzte auch den Wind als Energiequelle, die größere Bedeutung aber kam nach wie vor dem Wasser zu: Es bewegte den Mühlstein und lieferte auch die Energie zum Antrieb von Schiffsmühlen.

Schiffsmühlen kamen an großen Flüssen wie der Donau zum Einsatz, der alpine Bereich bot ideale geographische Bedingungen für den Betrieb von Wassermühlen. Welch technische Meisterleistung der Bau einer Mühle im Mittelalter darstellte, können wir uns heute kaum mehr vorstellen. Die Mühlenbauer waren die Bauingenieure der vorindustriellen Zeit und ihnen gelang im 14. Jahrhundert eine Innovation, die die Leistung der Mühlen immens steigerte: Sie entdeckten, dass sich das Rad doppelt so schnell dreht, wenn die Wassermenge von oben auf die Schaufeln drückt (oberschlächtige Wasserführung). Die Redensart „Oberwasser haben" blieb bis heute erhalten – wer Oberwasser hat, ist im Vorteil.

Welchen Vorteil hatten nun die Bauern davon, dass überall Getreidemühlen entstanden, die sehr viel mehr leisten konnten als ihre Hand- oder Wassermühlen? Getreide hält jahrelang, Mehl verdirbt. Also musste regelmäßig gemahlen werden, Breigerichte standen täglich auf dem mittelalterlichen Speiseplan der einfachen Leute, der Bedarf an Mehl war groß. Die Bauern hätten es also eigentlich als willkommenen Fortschritt empfinden müssen, dass sie nun das Angebot der Mühlen nutzen konnten.

„Es klappert die Mühle am rauschenden Bach ..." – hier am Gollinger Wasserfall im Tennengau, Salzburg.

Doch dieser Fortschritt hatte seinen Preis. Das Errichten und Betreiben von Mühlen war herrschaftliches Recht, der Großteil der mittelalterlichen Mühlen gehörte Klöstern oder adeligen Landbesitzern. Denen mussten die Bauern auch ihre Arbeitskraft unentgeltlich (Robotdienst) zur Verfügung stellen. Sprich, sie halfen beim Bau der Mühlen und beim Ausbau des Wegesystems – die Mühlen mussten ans Verkehrsnetz angebunden werden. Der Bau einer Mühle war teuer und damit sich diese Investitionen auch amortisierten, führten die Grundherrn Monopolgesetze ein. Es herrschte „Mühlenbann" – im Umkreis einer bereits bestehenden Mühle durfte keine zweite errichtet werden. Und es herrschte „Mühlenzwang": Die Bauern durften ihr Getreide nicht selbst vermahlen, sie mussten es zur Mühle des Grundherrn tragen. Und für das Mahlen in der Regel ein Drittel des Mahlguts abgeben, oft war auch noch Maut für die Nutzung der Straßen zu entrichten.

Die Müller waren in der Mehrheit Pächter, sie zahlten dem Grundherrn Abgaben, konnten aber schon allein wegen ihrer Monopolstellung über Jahrhunderte lang gut leben. Die Bauern hatten ja keine andere Wahl, als den Dienst des ihnen zugewiesenen Müllers in Anspruch zu nehmen. Die Rechte, die ihnen dafür eingeräumt wurden, erscheinen marginal, waren in der Ständegesellschaft aber wohl doch bedeutend. Noch heute bekannt ist das aus dem Mühlenrecht des 13. Jahrhunderts stammende „Wer zuerst kommt, mahlt zuerst". Das gab den Bauern zumindest die Gewissheit, dass sie niemand in die zweite Reihe schob, der gesellschaftlich höher stand.

Die Mühlen wurden regelmäßig von Außenstehenden kontrolliert, dabei ging es um den technischen Zustand, Sauberkeit und Überprüfung des Eichmaßes – trotzdem, das Misstrauen der Bauern blieb. Sie konnten nie sicher sein, ob der Müller mehr Getreide nahm, als ihm zustand oder ob er das Mehl mit Sand streckte. „In der Mühle ist das Beste, dass die Säcke stumm sind", sagt ein Sprichwort. „Die Völker des Mittelalters waren überzeugt, dass jeder Müller stahl. Jeder – ohne Ausnahme!", schreibt Heinrich Eduard Jacob. Zudem fungierte der Müller noch als Spitzel, er kontrollierte, ob die Bauern ihr Mehl nicht heimlich selbst mahlten.

ES GING DIE MÜHLE

Peter Rosegger, „Als ich noch der Waldbauernbub war"

In unserem Haus ist der Vater selbst der Mühlesel gewesen. Und so stieg er eines Tages, den Kornsack auf der Achsel, nieder in den Schierlinggraben. ... Als wir vor (der Mühle) standen, zog mein Vater einen hölzernen Schlüssel aus dem Sack, sperrte die graue, niedrige Tür auf, und wir standen jetzt in der finsteren Mühle, in welcher uns nur der staubige Mehlkasten und über demselben das Steingehäus und die Aufschüttmulde matt entgegenblickten. Wir stiegen über sechs oder acht Stufen empor zum Schüttboden; an die braune, spinnwebige Wand desselben waren mehrere Heiligenbilder geklebt, eine Art Hausaltar, an dem auch ein grünes Weihbrunngefäßchen gängelte. Mein Vater besprengte mich damit; dann leerte er seinen Kornsack in die Schüttmühle und guckte noch ein wenig durch ein Fensterchen auf das stetig rauschende Wasserfloß hinaus zwischen den Fugen in die Radstube hinab, aus welcher erst eine rechte Finsternis hervorglotzte. Und als er sah, dass alles in Ordnung war, tauchte er mit beiden Händen eine aus der Wand stehende Stange nieder. Da wurde es lebendig. Zuerst hörte ich einen einzelnen Klapper, bald einen zweiten, dritten; der Boden hub sachte an zu dröhnen, zu schütteln; das Klappern wurde schneller und schneller und kam endlich in ein gleichmäßiges Rollen und Klirren und Schrillen. Es ging die Mühle.

Kein Wunder, dass das Ansehen der Müller im Mittelalter denkbar schlecht war. Wie Abdecker, Henker, Bader – um nur einige zu nennen, denen die Gesellschaft ihre Verachtung zuteil werden ließ – gehörten auch die Müller zu den „unehrlichen Leuten". Diese „Müllerrüchigkeit" führte dazu, dass sie unter sich blieben. Sie konnten weder einen anderen Beruf ergreifen, noch in einen anderen Berufsstand einheiraten. Während sich die „ehrlichen Leute" in Zünften organisierten, blieb den Müllern dieses Recht bis ins 16. Jahrhundert hinein verwehrt.

Zum negativen Bild vom Müller mag auch beigetragen haben, dass der Ort, an dem er lebte und arbeitete, den Menschen unheimlich war. Mühlen lagen außerhalb der Ortschaften, in dunklen Tälern, sie klapperten und ratterten, da lag der Verdacht nahe, dass der Teufel hier seine Hand im Spiel hatte. In Sagen und Märchen sind Müller reich, aber geizig, in der Literatur dienen Mühlen als Schauplätze unheimlichen und oft grauenvollen Geschehens – man denke nur an Otfried Preußlers „Krabat".

Die Romantisierung des Berufs setzte Anfang des 19. Jahrhunderts ein, bekannte Beispiele der Verklärung liefern Lieder wie „Das Wandern ist des Müllers Lust" und „Es klappert die Mühle am rauschenden Bach". Diese Sicht aufs fröhliche Müllerleben ging freilich vom städtischen Bürgertum aus, in den abgelegenen alpinen Regionen blieben die alten Ängste erhalten, wie Peter Roseggers Text aus „Als ich noch der Waldbauernbub war" beweist.

„Nicht gar weit vom Hause, zwischen und unterhalb von Waldrainen und Wiesenlehnen, ist eine Schlucht. Sie ist voll dichtem und hohem Erlen- und Haselnußgebüsch, zwischen welchem Germen (Liliengewächse), Schierling und Sauerampfer wuchern. Unter diesen Gewächsen rieselt ein Wasser, das seinerzeit zuweilen nur von einem durstigen Krötlein aufgesucht wurde, sonst aber, so klar und frisch es war, ganz unbeachtet blieb, bis unser Nachbar, der Thoma, dem die Schlucht gehörte, eine Mühle in dieselbe baute. Die Mühle stand so versteckt im Gebüsch, daß ich, wenn ich bei meiner Rinderherde auf dem Wiesenrain stand, vergebens nach derselben gespäht hätte, wenn an ihr und hoch über den Gesträuchen nicht zwei Tannen emporgeragt haben würden. Auf diesen Tannen saß gern ein Habicht und pfiff zu mir und meinen Rindern herüber, daß ich vor Grauen im Gedanken oft ein heilig Vaterunser betete. Auch vor der Mühle fürchtete ich mich; sie kam mir mit ihren ewigen Schatten und traurigem Wasserrauschen schier so schauerlich vor wie jene im Märchen meiner Mutter, in der die schöne, einschichtige Müllerstochter zwölf Räuber mit der breiten Mühlhacke geköpft hat."

Rosegger wurde 1843 geboren, in seiner Jugendzeit war es möglich, dass der „Nachbar, der Thoma, dem die Schlucht gehörte, eine Mühle in dieselbe baute". Der Mühlenbann war abgeschafft worden, in Österreich Ende des 18., in Bayern Anfang des 19. Jahrhunderts. Damit wurden auch Innovationen möglich, denn mit dem Anbruch des Industriezeitalters hatte sich auch im Bereich des Mühlenbaus einiges getan: 1786 hatte in London die „Albion Mill" den Betrieb aufgenommen, eine von zwei Dampfmaschinen angetriebene Anlage, in der 20 Mühlsteinpaare in Bewegung gesetzt wurden. Mit dem Aufkommen der Dampfmühlen hatten die Wasser- und Windmühlen ausgedient. Der Mühlstein sollte sich noch fast 150 Jahre drehen, bis auch er nicht mehr zeitgemäß war: 1834 konstruierte der Schweizer Ingenieur Sulzberger den ersten brauchbaren Walzenstuhl. Nach einigen technischen Verfeinerungen war der perfekte Ersatz für den Mahlstein gefunden. Das Korn wurde nun zwischen rotierenden, gegenläufigen Eisenwalzen zerrieben. Damit war auch das letzte antike Teil der Mühle durch moderne Technik ersetzt.

Im Alpenraum dominierten die Wassermühlen, im Osten Österreichs wie in Untersiebenbrunn in Niederösterreich nutzte man auch die Windkraft.

Oben: Stolz aufs lokale Handwerk; die Postkarte aus Altenwörth zeigt auch die örtliche Bäckerei.

Bäcker

Der Protagonist Bäcker bespielte einen Raum, in dem Bauern und Müller keine Rolle erhielten: die Stadt. Zwischen 1150 und 1350 stieg die Zahl der Städte in Mitteleuropa von rund 200 auf 3.000 an. „Stadtluft macht frei", lautete der Rechtsgrundsatz, wer sich hier niederließ, war der Knute des Grundherrn entflohen. Und er war in Sicherheit. Denn nicht nur der Wunsch nach Freiheit trieb die Menschen in die Städte, es war auch Angst. Jene Angst um Leib und Leben, die auch die Bauern dazu brachte, sich in die Abhängigkeit eines Schutzherrn zu begeben.

Mit dem Aufkommen der Städte erlebte das Bäckerhandwerk seinen Aufschwung. Die Menschen, die innerhalb der Stadtmauern lebten, waren nicht mehr autark, sondern auf die Angebote diverser Handwerker angewiesen. Unter ihnen kam dem Bäcker die Hauptrolle zu, war er es doch, der das tägliche Brot lieferte. Wenn man ihn im Dreigestirn sieht, steht der Bäcker als Produzent des Brotes zwar als letzter in der Kette – er ist abhängig vom Bauern und vom Müller –, doch seine Position ist beneidenswert: Er ist frei, die Bäckerei gehört ihm. Über diese Privilegien verfügten nur die allerwenigsten Bauern und Müller. Während die Bauern keine Interessenvertretung hatten und die Müller sich erst sehr spät organisieren durften, bildeten die Bäcker teils schon im 12. Jahrhundert Zünfte. Damit hatten sie den Markt im Griff: Wer Meister werden durfte, bestimmten diejenigen, die Meister waren, unliebsame Konkurrenz ließ sich damit ausschalten. Die Zünfte beschafften Arbeitsmaterial, sie legten Qualitätsstandards fest und übernahmen auch soziale Aufgaben, wenn ihre Mitglieder alt oder krank wurden.

Und Krankheit war ein Problem, das viele Bäcker plagte: Der Mehlstaub verursachte Asthma oder Bronchialkatarrh, vom vielen Stehen bekamen sie „Bäckerknie", eine Deformation der Beine, das Bäcker-Ekzem war eine Hautkrankheit, die nur Mitglieder dieses Berufsstandes befiel. Auch Nachtarbeit und Übermüdung wirkten sich negativ auf den Gesundheitszustand aus, in einem Bericht aus München aus dem 16. Jahrhundert heißt es, es werde dort dreimal wöchentlich von abends 17 Uhr bis zum nächsten Tag um 14 Uhr gebacken.

Dass die Bäcker ihre Ruhepausen am Tag nehmen mussten, liegt auf der Hand. Und es war nicht nett, dass der Volksmund einen, „der das Bäckerexamen macht", als Faulenzer bezeichnete, der den ganzen Tag zum Fenster hinaus sieht. Bäcker waren einflussreich, sie konnten auch Mitglieder im Magistrat werden, aber das einfache Volk traute ihnen nicht über den Weg. „Müller und Bäcker stehlen nicht, man bringt's ihnen", sagt ein Sprichwort. Das Misstrauen lag sicher auch darin begründet, dass die Menschen, für die Hunger stete Bedrohung und bittere Erfahrung war, glaubten, wer über die Produktionsmittel für Brot verfüge, sei immer satt: „Müller und Bäcker sind die letzten, die Hungers sterben." Wenn das Brot knapp wurde, wandte sich der Zorn des Volkes auch gegen die Bäcker. Ebenso kam es zu Empörungen, wenn Qualität oder Gewicht des Brotes nicht stimmten.

Die Backstube war das Reich der Männer, die Mitarbeiter lebten auch im Haus des Bäckermeisters.

Die Zünfte gingen streng gegen die schwarzen Schafe in ihren Reihen vor. Wer sich nicht an die Zunftordnung hielt, schlechtes oder zu leichtes Brot verkaufte, musste mit Strafen rechnen. Die Bäcker waren zwar frei, aber aufgrund der Bedeutung ihrer Tätigkeit für die Ernährung der Stadtbevölkerung sah ihnen auch der Magistrat auf die Finger. Dass die Politik zu allen Zeiten ihr besonderes Augenmerk auf diesen Berufsstand lenkte, ist verständlich. „Kein Brot zu haben" steht synonym für Hunger und der führte leicht und oft zu Revolten.

Ließ ein Bäcker sich wiederholt etwas zu Schulden kommen, übergab man ihn der Volksmenge, die mit Schadenfreude beim sogenannten Bäckerschupfen zusah: Der Delinquent wurde in einen Korb gesteckt und dann in Jauche oder den Fluss getaucht. Das Bäckerschupfen oder die Bäckertaufe war in vielen Städten üblich, ein Mann in Zürich fühlte sich dadurch so gedemütigt, dass er 1280 die halbe Stadt niederbrannte. In Österreich wurden Bäcker vom 13. Jahrhundert bis zum Jahr 1773 geschupft, in Wien sangen die Zuschauer folgendes Spottlied:

Bäckerlein, Bäckerlein,
Laß dein Brot gewichtig sein!
Sonst zieh'n wir dich bei Schnee und Wind
Zur Donaulände hin geschwind.

Bäckerlein, Bäckerlein,
Warum ist dein Brot so klein?
Wir rufen heut' den hohen Rat,
Zu prüfen deine schlechte Tat.

Bäckerlein, Bäckerlein,
Setz' dich in den Korb hinein!
Wir bringen dich zum „Roten Turm"
Und schupfen dich im Wellensturm.

Bäckerlein, Bäckerlein,
Steig' nur in den Korb hinein!
Wir tauchen dich ins kühle Nass.
Auf dein Gewicht ist kein Verlass.

Auch wenn es im 20. Jahrhundert keine so drakonischen Strafen mehr gab, die Politiker beschäftigten sich auch in der Moderne mit dem Grundnahrungsmittel Brot und mit denen, die es erzeugten. So sorgte eine junge Politikerin in München für „Bäckerbashing", wie die „Münchner Abendzeitung" am 28.10.1959 berichtete: „Mit einem Dutzend Semmeln und einer Briefwaage kam Frau Dr. Hildegard Hamm-Brücher, FDP-Abgeordnete, gestern in den Landwirtschaftsausschuss des Bayerischen Landtags. Sie forderte ein Mindestgewicht für Semmeln. Vor den Augen der Abgeordneten wog sie die Semmeln auf ihrer Briefwaage. Die leichteste Semmel wog 36, die schwerste 51 Gramm. Die meisten Semmeln wogen etwa 40 Gramm. ‚Die Hausfrau erwartet für ihre acht Pfennig eine Semmel von 50 Gramm', sagte Frau Brücher. ‚Eine Semmel mit 40 Gramm ist eine Übervorteilung des Kunden. Der Bäcker hat dann an 100 Semmeln 20 übrig. Das verdient er extra.'"

DAS WAR GLÜCK, HEIMAT, WÄRME UND INNIGKEIT

Franz Maier-Bruck, „Vom Essen auf dem Lande"

Gebacken wurde alle vierzehn Tage (für 8-10 Erwachsene rechnet man etwa 25 Laibe). Aufs Brotbacken freuten wir uns schon Tage zuvor. Zuerst durften wir mit der Mutter in den Wald gehen, den „Bahwisch" zu holen, grünes Tannen- oder Fichtenreisig, das zu einer Art Besen an einem langen Holzstiel gebunden wurde; er wurde ins Wasser getaucht, kurz vor dem „Einschießen" der Teiglaibe wurde mit diesem die heiße Backfläche des Backofens von Glut und Asche gesäubert. Am Abend wurde der Backtrog in der Stube neben dem Kachelofen aufgestellt, mit der „Trogscher" (Eisenscherer mit Holzgriff) und mit dem „Flederwisch" (einem getrockneten Enten- oder Hühnerflügel) gesäubert. Dann leerte die Mutter zwei, drei Schaff „zweit's Mehl" (roggenes Brotmehl) in den Trog. Zu Mittag ... wurde „'s Uara", „'s Urhab" (Sauerteig aus Teigrest vom letzten Backen) ... mit etwas Mehl und lauwarmem Wasser zum „Dampfl" angerührt. Das gärende Dampfl bildete bald Blasen, wurde „groaßaugad" (großäugig) und verbreitete einen säuerlichen Geruch (früher wurde ein brennender Kienspan an das Dampfl gehalten; erlosch die Flamme, war das Dampfl richtig). Nach der „Wegarbeit" (Stallarbeit) begann meine Mutter abends das „Uarasetzn": das Dampfl wurde mit dem Mehl lose im Backtrog vermischt und mit lauwarmem Wasser und Milch vermengt. Dann kam der Deckel darauf – im Winter war das der bevorzugte Aufenthaltsplatz von uns Kindern: im Buckel den warmen Kachelofen, in der Nase den säuerlichen Teiggeruch, im Backrohr „blasate" Äpfel (Bratäpfel) und im Ohr eine lustige „G'schicht, die net habt und net bricht", von der Mutter erzählt, der Vater eine Pfeife schmauchend – das war Glück, Heimat, Wärme und Innigkeit, das war unser „Dahoam" im Elternhaus.

Familienbetrieb Bäckerei: Die Frauen arbeiteten im Verkauf, und auch die Hunde mussten beim Brotausfahren helfen.

In den Städten sorgte der Bäcker fürs tägliche Brot, auf dem Land buken die Frauen selbst entweder im eigenen Backofen oder in dem der Dorfgemeinschaft. Dennoch fanden die Bäcker auch auf dem Land einen Markt. Denn aus den Holzöfen der Bäuerinnen kamen in der Regel nur die haltbaren und nahrhaften Roggenbrote aus Sauerteig, während der Bäcker auch Produkte aus Weißmehl – Semmeln, Brezn und Brauchtums- oder Gebildbrote – anbot. Dabei kommt der Brezn eine besondere Rolle zu, sie gilt als Symbol des Handwerks, zahlreiche Gerätschaften, Siegel, Aushängeschilder und die meisten Bäckerwappen zeigen sie, oft flankiert von zwei Löwen. Für diejenigen, die täglich Sauerteigbrot aßen, waren Brezn etwas ganz Besonderes: „Wenn der Vater in die Stadt ging, freuten wir uns sehr auf sein Kommen. Wir schauten ständig auf die Uhr, bis wir ihn endlich im Talgrund sahen. Den Hang hinab liefen ihm dann fünf Kinder entgegen. Er hat nie vergessen, Salzbretzen mitzubringen und für je zwei Kinder teilte er eine Bretzen. Meistens hatte er fünf dabei. Nie mehr habe ich so gute Bretzen gegessen“, erzählt Anna Wimschneider, Jahrgang 1919, in „Herbstmilch“.

Was im letzten Absatz zum Thema Geschlechterrollen anklang, soll expressis verbis noch einmal hervorgehoben werden: Sowohl Mahlen als auch Backen waren klassische Aufgaben der Frauen. Erst mit der Verbreitung der Wassermühlen übernahm der Müller das Regiment, ebenso wie der Bäcker seine Position in den kommerziell betriebenen Backstuben einnahm. Dort waren die Rollen klar verteilt: Die Männer übernahmen die Produktion der Backwaren, die Frauen betrieben den Verkauf im zur Bäckerei gehörenden Laden. Und sie führten den Haushalt für eine vielköpfige Wohngemeinschaft, denn alle, die in der Bäckerei arbeiteten, mussten auch Quartier im Haus des Meisters beziehen.

Diese Form des Zusammenlebens und -arbeitens änderte sich erst mit der Industrialisierung und dem explosionsartigen Anwachsen der Bevölkerung in den Städten. Die Bäcker, die noch mit den gemauerten Öfen arbeiteten, die schon in vorchristlicher Zeit erfunden worden waren, konnten ihre Produktion nicht wesentlich steigern. Der Backraum war zugleich der Heizraum, vor jedem Backen musste zeitaufwändig geheizt werden, erst nachdem die Asche entfernt

Wer mit dem Holzofen backt, muss ihn genau kennen, die Temperaturen im Inneren variieren.

war, konnte das Brot in den Ofen geschoben werden. Dieses Problem löste die Erfindung des Dampfbackofens, der ab 1890 von der Firma Werner & Pfleiderer in Stuttgart und in Wien serienmäßig gebaut wurde.

Heizraum und Backraum waren nun getrennt, man konnte nachheizen und somit kontinuierlich backen. Die Erfindung weiterer Geräte – Knetmaschine, Teigteilmaschine etc. – trieb die Mechanisierung des Backens voran. Die handwerklich geführten Betriebe, die sich die teuren Geräte nicht leisten konnten, erhielten nun Konkurrenz durch Großbäckereien, die man auch deshalb als „Backfabriken" bezeichnen kann, weil die am Herstellungsprozess Beteiligten nicht mehr im Familienverband, sondern wie die anderen Fabrikarbeiter außerhalb ihrer Arbeitsstätten lebten.

Die vollständige Mechanisierung des Backens war nur dort möglich, wo Elektrizität vorhanden war, der Dampfbackofen aber eroberte ab dem frühen 20. Jahrhundert auch die ländlichen Gebiete. Nun prangte auf den Backhäusern der Schriftzug „Dampfbäckerei", der stolz zum Ausdruck brachte, dass die Moderne Einzug gehalten hatte und die Zeit des mittelalterlichen Handwerkens endgültig vorbei war.

DAS AUSBACKEN BESORGTE DIE BÄUERIN SELBER

Oskar Maria Graf, „Das Leben meiner Mutter"

Der Backofen von Heimrath, der ungefähr zwanzig Schritt weit entfernt vom Stall im sanft abwärtshängenden Obstgarten stand, sah fast wie eine kleine Kapelle aus. Das fensterlose viereckige Gemäuer war weiß getüncht und hatte vorne ein niederes zweiflügeliges Tor. Das bemooste Ziegeldach lief spitz wie eine Tüte zusammen, und aus dieser Spitze ragte der verrußte Kamin empor. Heute stand das Tor weit offen, im Lehmofen verglommen die Reste der verbrannten Scheite, und im dünn aufsteigenden Rauch flogen manchmal winzige Funken, die nach kurzer Weile auf das Dach oder ins satte Grün des Gartens herniedersanken und verlöschten.

In der Kuchl formte die Resl den roggigen Teig zu großen Laiben, legte sie auf mehlbestreute Bretter, bestrich ihre glatten Oberflächen mit einem nassen Flederwisch, streute Kümmel und Anis darauf und stach mit dem weitzahnigen Haarkamm, den die ganze Familie benützte, reihenweise Löcher in die Laibe. Sehr eilig hatte sie es, denn es war ein heißer Tag im späten August, und sie musste noch aufs Feld. Da sie aber die Kräftigste war, den schweren Teig am besten zu kneten verstand, und ihr Brot stets gleichmäßig geriet, beauftragte die Heimrathin, die mit der Zeit schon ein wenig altersmüd geworden war, sie stets mit dieser Arbeit. Das Ausbacken besorgte die Bäuerin selber.

Das Weinviertler „Eselmehl" wurde in der Dampfmühle in Seefeld erzeugt.

Das Zunftzeichen der Bäcker ist seit jeher die Brezel.

WAS IST GUTES BROT?

Oder warum früher nicht alles besser war.

VON LUTZ GEISSLER

Fragen wir zehn verschiedene Menschen danach, was gutes Brot für sie bedeutet, erhalten wir zehn verschiedene Antworten. In einem Punkt sind sich aber fast alle einig: Das Brot habe früher besser geschmeckt. Hat sich unsere Wahrnehmung verändert oder die Brotqualität? Was ist überhaupt Brotqualität? Und auf welche Zeitspanne bezieht sich „früher"?

Ein gutes Brot zeichnet sich durch drei Dinge aus: Mehl, Wasser und Salz. Diese werden mit viel Erfahrung und Wissen zu einem Teig verarbeitet, der ein gerüttelt Maß an Zeit bekommt, um die Inhaltsstoffe des Mehles für den menschlichen Organismus aufzuschließen und Aromen zu entwickeln. All dies geschieht mithilfe von Mikroorganismen, deren komplizierte Namen wir gar nicht erst versuchen sollten, uns zu merken. Geschickte Bäckerhände wirken den reifen Teig in Form, und der heiße Ofen bringt den im Teig gebrauten biochemischen Cocktail zur aromatischen Blüte.

Der Unterschied zu 90 % des heutzutage angebotenen Brotes ist der Faktor Zeit. Je schneller der Teig zu Brot verarbeitet wird, umso weniger Geschmack und Bekömmlichkeit sind im Spiel, vor allem wenn schalenreiches Mehl drin steckt. Auch volumenfördernde Backmittel fressen am Geschmack. Je lockerer das Brot, umso flacher sind die Aromen. Unser tägliches Brot ist ein Einheitsbrot mit Einheits-

geschmack. Und die meisten von uns haben verlernt, welche Geschmacksexplosion ein richtig gutes Brot in unserem Mund auslösen kann.

Noch vor wenigen Jahrzehnten sah die Welt anders, besser aus. Viele kleine Bäckereien boten ein ebenso kleines, aber dafür feines Sortiment an, gebacken mit Zeit für Geschmack. Zwar gab es damals schon maschinelle Unterstützung, aber der Bäcker steuerte sämtliche Vorgänge im Teig, ohne die zweifelhafte Hilfe von Emulgatoren, Stabilisatoren, technischen Enzymen, Vormischungen oder Fertigteiglingen. Hier wurzeln die Kindheitserinnerungen an unser „Früher".

Im 19. Jahrhundert und davor gab es Brot, von dem wir vermutlich nur ungern gekostet hätten. Die hygienischen Zustände in Bäckereien waren schwierig, Getreide war oft mit Pilzgiften belastet (z. B. Mutterkorn), und die Mehlqualität war deutlich schlechter als heute. So berichtet Johann Georg Krünitz in seiner „Oeconomischen Encyclopädie" Ende des 18. Jahrhunderts ausführlich über die möglichen Verunreinigungen des Mehles, z. B. mit Sand: „Ferner wird während des Mahlens allezeit etwas Sand von den Mahlsteinen abgerieben, der sich nicht wie die Kleye vom Mehle absondert, vielmehr mit ins Brot verbacken, beym Genusse desselben unangenehm und beschwerlich, der Gesundheit aber nachtheilig wird." Wer selbst backte, Großfamilien oder ganze Dörfer am Gemeindebackofen, backte ein Brot, das satt machen, aber keinen Genuss bringen sollte. Frisches Brot wurde gelagert, Tage, Wochen, Monate, um dem übermäßigen Drang nach dem Biss ins frische Brot Einhalt zu gebieten.

Brot war kostbar. Und dies ist auch die einzige Broteigenschaft jener vergangenen Zeit, der wir nachtrauern sollten.

Lutz Geißler *ist passionierter Brotbäcker, Blogger und Buchautor. Der studierte Geologe leitet Brotbackkurse, entwickelt Rezepte für Bäcker und Gastronomen und gibt sein Wissen rund um gutes Brot in seinem Plötzblog (www.ploetzblog.de) weiter.*

Wer gutes Brot backen will, muss sich und dem Teig Zeit lassen.

Zur Bergwanderung gehört auch das Ritual des Einkehrens: Es stärkt den Körper und die Gemeinschaft.

Brauch kommt von brauchen

Wir brauchen Bräuche. Sie gliedern das Jahr und den Lebenslauf. Sie stärken die lokale Gemeinschaft und den Zusammenhalt der Familie. Von Januar bis Dezember, von der Wiege bis zur Bahre setzen ritualisierte Handlungen Zäsuren. Bräuche gehören zur kulturellen Identität, sie bieten Struktur und Orientierung.

Bevor Gesetze Arbeitszeiten, Ruhepausen und Urlaubsansprüche regelten, sorgten religiöse Vorschriften, der Kodex überlieferter Verhaltensweisen und brauchtümliche Rechte für Sicherheit im sozialen Miteinander. Wenn Kinder oder Arme an bestimmten Tagen von Tür zu Tür zogen und Essbares erbaten – die Volkskunde spricht von Umgangs- und Heischbräuchen –, war dies eine Form der Bettelei, derer sich keiner schämen musste. Wer anklopfte, hatte ein Recht auf Zuwendung. Das „Vergelt's Gott", mit dem die Beschenkten sich bedankten, war mehr als eine bloße Floskel: Wer gab, handelte gottgefällig und konnte mit Glück und Segen für Haus und Hof rechnen. Geizige Menschen oder solche, die gegen die geltenden Regeln verstießen – zum Beispiel indem sie an einem Festtag arbeiteten –, mussten Strafen befürchten. Sagen berichten davon: Das Brot, das am Feiertag gebacken wird, versteinert im Ofen.

VOLKSBRAUCH UND ABERGLAUBE

Aberglaube war die Triebfeder vieler Rituale, die im bäuerlichen Bereich praktiziert wurden. Dabei spielte Essbares eine wichtige Rolle: Wenn zum Beispiel der Wind heftig wehte, so musste er gefüttert werden – mit Mehl, das man im Freien ausstreute, oder Brot, ins Geäst eines Baums gelegt. Böse Geister wie

Bittprozession in den 1930er-Jahren: An den Tagen vor Christi Himmelfahrt zogen die Dörfler zur Kirche und erbaten Segen für die Ernte.

das Stallmandl, das in der Ortschaft Dreihütten im Burgenland sein Unwesen trieb, besänftigte man mit einer Portion Bohnensterz im Stall. Der musste sauber und ordentlich ausgemistet sein. Fand das Stallmandl nicht das rechte Ambiente zum Speisen vor, kippte es den Sterz auf den Boden und brachte Krankheiten über den Hof.

Mit Brot sind viele Brauchformen verbunden, die heute nicht mehr praktiziert werden. Sie zeugen vom Respekt, den dieses wichtigste Nahrungsmittel verdient, können aber auch als Formen des Aberglaubens interpretiert werden: Wer die Regeln nicht befolgt, ist der Nahrung nicht würdig und wird folglich Hunger leiden. Zu diesen Brauchtumsformen gehören unter anderem: das kreuzförmige Einritzen des Brotlaibs als Form der Segnung und das Küssen des hinuntergefallenen Brotes als Form der Entschuldigung. Auch zahlreiche Verbote zeugen von Aberglauben: Schwangere oder menstruierende Frauen dürfen nicht in die Backstube, sonst misslingt das Brot. Das Brot darf nicht gestochen, sondern nur geschnitten werden und zwar von niemand anderem als dem Haushaltsvorstand – eine Regel, die sicher auch den Grund hatte, die ökonomische Verteilung des Grundnahrungsmittels der Kontrolle des Hausherrn zu unterwerfen. Verboten ist auch, den Brotlaib auf den Rücken zu legen, tut man es trotzdem, geht im Haus alles drunter und drüber und die Engel im Himmel schreien.

Diese wie andere Bräuche, zum Beispiel ein Stück Weihnachtsbrot in die erste Ackerfurche zu legen oder demjenigen, der in die Fremde geht, ein Stück Brot in die Jacke zu nähen, wurden im privaten Bereich praktiziert und waren also nicht von der Obrigkeit zu kontrollieren. Öffentlich praktizierte Bräuche gerieten zur Zeit der Aufklärung ins Visier der Herrschenden. Schon Maria Theresia schaffte Mitte des 18. Jahrhunderts mit päpstlicher Unterstützung eine große Zahl von Festtagen ab. Ihr Sohn Joseph II. setzte rund 20 Jahre später noch mal den Rotstift an und verbot auch nahezu alle Bittgänge, Prozessionen und Wallfahrten. Dies geschah nicht nur, um den Aberglauben zu bekämpfen, es hatte auch wirtschaftliche Gründe. Der Müßiggang passte nicht ins Zeitalter des Merkantilismus.

VERBOTEN? WEN KÜMMERT'S!

Die Menschen auf dem Land hielten sich nicht an die Verbote. Sie feierten die Feste weiterhin, wie sie fielen. Als Erzherzog Johann in der ersten Hälfte des 19. Jahrhunderts eine Umfrage durchführen ließ, um „eine Darstellung des Charakters, der Sitten und Gebräuche aller deutschen Alpenbewohner" zu verfassen, und auch die Frage stellte, „Was thut der Landmann an abgebothenen Feyertagen, und wie benehmen sich die Dienstbothen an denselben?", erhielt er erschütternde Berichte aus seinen innerösterreichischen Landen: „Die abgebothenen Feyertage werden von den Bauern gleich den Feyertagen verfeyert", wurde 1842 aus Spielberg vermeldet. „An abgeschafften Feyertagen wird leider ... auf dem offenen Lande noch nicht gearbeitet", schreibt der Informant aus Göss 1811. „Am stärksten treiben hiebey die Dienstbothen ihr Unwesen, und lassen sich weder durch Zureden, Ermahnung, noch Strenge zur Arbeit bey ihrem Dienstbauer an diesen abgeschafften Feyertagen und Feyerabenden bringen."

Der Chronist kommentiert, es sei „eine Art Abgötterey", also Götzendienst. Vom Standpunkt des Aufklärers mag er Recht haben. Aber die Landbevölkerung dachte anders. Abgesehen davon, dass sie sich ihre freien Tage nicht nehmen lassen wollte – wer wäre heute begeistert, wenn man ihm Urlaubstage striche –, jeder Heilige, dessen Tag gefeiert wurde, hatte bestimmte Zuständigkeiten als Fürbitter und konnte helfen, wenn man ihn anrief. Wer wollte diese Patrone, die Krankheiten heilten, Naturgewalten besänftigten und das Vieh gesund hielten, schon verärgern, indem man ihnen den Ehrentag vorenthielt?

OBRIGKEIT GEGEN VOLKSFRÖMMIGKEIT

Die kirchliche und weltliche Obrigkeit hatte nicht nur aufklärerische und wirtschaftliche Gründe, um gegen religiöse und nichtreligiöse Bräuche vorzugehen. Wenn das Volk zusammenströmte und auch noch maskiert war, sprich den Schutz der Anonymität genoss, bot sich Gelegenheit zu revolutionärem Gebaren und Kritik an den Autoritäten.

So zogen sich zum Beispiel in Salzburg die Perchten den Unmut der Erzbischöfe zu. Die jungen, unverheirateten Burschen, die sich hinter wilden Masken versteckten, nutzten ihren Auftritt, um Rivalitäten mit den Bauern auszutragen, Geiz anzuprangern oder heimliche Liebschaften öffentlich zu machen. Diese Form der sozialen Kontrolle war unerwünscht. Seit Mitte des 17. Jahrhunderts kam es immer wieder zu Auftrittsverboten, die umgangen wurden, bis Fürsterzbischof Colloredo endgültig durchgriff: Er untersagte unter anderem das Errichten von Sonnwendfeuern, die Eselsritte am Palmsonntag, das Wetterläuten und in den 1780er-Jahren auch den Perchtenlauf. Viele Bräuche wurden nun heimlich durchgeführt, andere gingen verloren, Reste blieben nur in abgelegenen Dörfern erhalten.

INSZENIERT UND INSTRUMENTALISIERT

Erst ab Mitte des 19. Jahrhunderts setzte eine Rückbesinnung ein, und diesmal unterstützte die Obrigkeit die Wiederentdeckung der Bräuche. Im Zeitalter der Nationalstaaten ging es darum, die eigene Identität zu finden und sich damit von anderen Völkern abzugrenzen. Bräuche, die angeblich seit alters in der Region ausgeübt wurden, kamen da gerade recht. Was an Brauchtum noch vorhanden war, wurde reanimiert und mystifiziert. Man schreckte auch nicht davor zurück, Bräuche zu erfinden und sie mit einer Ent-

Hausbrauch: Was die kulinarische Gestaltung des Heiligen Abends betrifft, folgt jede Familie ihren eigenen Regeln. Das war auch 1932 so, als diese Fotos entstanden.

stehungslegende zu versehen, die bis ins Mittelalter zurückreichte.

Die Nationalsozialisten, die sich der Bedeutung von Bräuchen für die „Volksgemeinschaft" durchaus bewusst waren, gingen zeitlich noch einen Schritt weiter zurück. Wenn religiöse Feiertage nicht abgeschafft werden konnten, suchte man deren christlichen Bezug zu negieren und dichtete ihnen germanische Ursprünge an. Weihnachten zum Beispiel wurde zum „altgermanischen Julfest" umgedeutet.

HAUSBRAUCH UND SITTEN

Laut Duden ist „Hausbrauch" ein Wort, das nur noch selten benützt wird. Das heißt aber nicht, dass es das Phänomen als solches nicht mehr gibt. Ein Beispiel: Auf die Frage, was es am Heiligen Abend zu essen gibt, wird man mit ziemlicher Sicherheit die Antwort bekommen: „Bei uns gibt es immer ..." Genannt werden Gerichte, die schon Mutter und Großmutter serviert haben und die somit Brauch im privaten Bereich der Familie sind.

Was die Häufigkeit der Verwendung von „Sitte" betrifft, so schneidet dieses Wort wesentlich besser ab. Das kann auch daran liegen, dass es im Krimijargon so oft benutzt wird: Die „Sitte" wird gerufen, wenn es um Unmoralisches geht. Moral, Werte, Normen, in der Tradition einer bestimmten Gruppe verankerte Gepflogenheiten legen fest, was „gute Sitte" ist. Zu den überlieferten Verhaltensweisen gehört zum Beispiel das ungeschriebene Gesetz, einem Besucher etwas anzubieten. Heute mag das Kaffee sein, früher war es in vielen Regionen üblich, dem Gast einen Laib Brot zu geben, von dem er sich mit dem dazu gereichten Messer eine Scheibe oder mehrere abschneiden durfte.

Auch soziales Handeln war im ländlichen Bereich Sitte. Die Versorgung des kranken Nachbarn, die Unterstützung von Bettlern – man tat's, auch wenn man murrte: „Der Kulmbock sackermentiert ganz schrecklich über das Bettelgesindel, das an die Schwelle seines Hofes kommt, mit dem Säcklein um etwas Korn, mit dem Töpflein um etwas Milch bittend – aber er beteilt es. Mein Adam entschuldigte sich immer treuherzig, wenn er des Bettlers Säcklein nur halb zu füllen vermochte: ‚Musst halt wohl zufrieden sein, wenn's auch ein bissel wenig ist. Es geht uns halt selber nit aufs best. Gesegne es Gott, vermeint ist's dir vom Herzen.'" (Peter Rosegger, „Erdsegen")

BROT IM LEBENS- UND JAHRESLAUFBRAUCHTUM

Das tägliche Brot der meisten Menschen im Alpenraum wurde mit Roggenmehl gebacken, es war dunkel, nahrhaft und haltbar. Weizenbrot galt als Herrenbrot, die ganz Armen aßen Brei oder buken ihr Brot aus Hafer oder Gerste. Verständlich, dass man an besonderen Tagen im Lebenslauf oder im Jahr Brot und Gebäck servieren oder verschenken wollte, das sich vom Alltagsgebäck unterschied – durch das Mehl: kein Roggen, sondern Weizen. Und durch die Gestalt und Verzierung. Brauchtumsbrot und -gebäck wurde in der Model oder von Hand geformt und mit Zutaten bereichert, die im Alltag rar und damit dem Festtag vorbehalten waren: Zucker, Rosinen, Gewürze. Die Namen, die die Menschen in den verschiedenen Regionen für Brauchtumsbrote und -gebäcke erfanden, zeugen von Phantasie und Spielfreude – wenn schon die Zutaten nicht viele Variationen erlaubten, so wollte man das Festtagsgebäck doch mit einer besonderen Bezeichnung adeln.

VON DER WIEGE BIS ZUR BAHRE

Im katholischen Alpenraum hatte jedes Kind eine Patin oder einen Paten. Die „Godl", auch „Gevatterinnen" und „Gevater" genannt, hatten die Aufgabe, das Kind zu einem guten Christen zu machen, sie übernahmen aber auch soziale Funktionen. Sie unterstützten das Kind finanziell, förderten seine Ausbildung. Wenn die Eltern starben, traten die Paten an deren Stelle. Wer einen vermögenden Godl für seinen Nachwuchs gewinnen konnte, schloss damit gleichsam eine Ausbildungs- und Lebensversicherung für das Kind ab.

Das Brauchrecht verpflichtete die Patinnen und Paten, ihre Schützlinge an Festtagen zu beschenken,

So ist es noch immer Brauch: zu Weihnachten feines Gebäck (links), zu Ostern der Zopf mit bunten Eiern.

Mit dem Kletzenbrotbacken beginnen die Vorbereitungen auf Weihnachten.

sie erhielten das bei dem jeweiligen Anlass übliche Brauchtumsgebäck: zum Beispiel einen Beugel, ein ringförmiges Gebäck mit einem Osterei in der Mitte, oder einen Striezel, in den oft ein Geldstück eingebacken war. Die Godl kümmerten sich auch um die Wöchnerin, wie die Besuche abliefen und was sie der jungen Mutter zu essen brachten, war je nach Region festgelegt. Immer aber lag im Korb ein weißes Brot, das die Frau stärken sollte. Mit Weizenmehl gebackene Brote galten als besonders gesund und leicht verdaulich.

Waren die Kinder herangewachsen, galt es, sie unter die Haube zu bringen. Auch wenn die Ehen in der Regel von den Eltern arrangiert wurden – war Besitz da, suchte man ihn durch Einheirat zu mehren –, hatten die jungen Frauen doch auch Möglichkeiten, ihre Sympathien zum Ausdruck zu bringen. Wenn ein Mädchen einen jungen Mann zum Beispiel ein Kletzenbrot anschneiden ließ oder ihm das „Scherzl" schenkte, galt dies als Beweis der Zuneigung.

Ob Stadt oder Land, ob arm oder reich – die Hochzeit war das wichtigste Fest im Lebenslauf. Die

Brauteltern, die sie auszurichten hatten, wollten sich nicht lumpen lassen und tischten üppig auf. Feierte der Adel eine Vermählung, partizipierte manchmal auch das gemeine Volk. So wurde anlässlich der Hochzeit von Kronprinz Ludwig von Bayern mit Therese von Sachsen-Hildburghausen im Oktober 1810 – rückblickend war dies das erste Oktoberfest – auch die Bevölkerung öffentlich bewirtet. Überall in der Münchner Innenstadt waren Tische und Bänke aufgestellt, es gab 3.992 Pfund Schweizerkäse, über 80 Zentner gebratenes Schaffleisch, 8.120 Cervelat-Würste, 13.300 Paar geselchte Würste, 232 Hektoliter Bier und vier Hektoliter österreichischen Weißwein. Das Haus Wittelsbach war großzügig, das zeigt auch die Tatsache, dass man 32.065 „Laibln Semmelbrot", also Brot aus teurem Weißmehl, verteilte.

Mit welchem Aufwand Hochzeiten auf dem Land gefeiert wurden, verdeutlicht eine Quelle aus dem Jahr 1847. Erzherzog Johann führte damals in seinen innerösterreichischen Landen eine Umfrage durch und bat um „Schilderung der Gebräuche und Gewohnheiten bei häuslichen Vorfällen, Kindstaufen, Hochzeiten, Begräbnissen" etc. Aus Waldegg erhielt er folgenden Bericht über ein Hochzeitsmahl. Die Gäste hatten bereits üppig gefrühstückt – Suppe, Fleisch, Braten, Brot, Wein –, im Wirtshaus Brot und Wein zu sich genommen und waren etwa gegen 18 Uhr „unter Musik zum Hochzeitshause gezogen":

„Hierauf begann das Speisen selbst, wobey folgende Speisenreihe beachtet wird.

1. *Suppe mit eingekochten Nudeln oder Reis*
2. *Rindfleisch mit gekochten und grünen Krenn*
3. *Sauerkraut mit geselchten Schweinfleisch und gebakene*
4. *Einen oder zwey Kalbsköpfe*
5. *Eingemachtes Kölbernes, oder eingemachte Händeln mit Butterpastätten*
6. *Eine süße Mehlspeise (Koch)*
7. *panferkeln mit gedünsteten Kraut, wenn es welche gibt*
8. *Lungenbraten mit Sauce, oder Haasen mit Sauce, wenn letztere zu haben sind*
9. *Schweinernen Braten mit Zwetschkenpfeffer*
10. *Kalbsbraten mit grünen sauern Salat*
11. *Gebratene Kapäuner, Händeln, Enten und Gänse mit süßen Salat – wie die Jahreszeit es gibt*
12. *Butter=Germ=Spagatkrapfen, Schneeballen, Hollerhippen, mehrere Gattungen, Kugelgupfe, Biskoten=und Germtorten dann Stutzen*

Von den Speisen Nr. 12 wird sehr wenig gezehrt, sondern beym Fortgehen wird hievon jedem Hochzeitsgaste von dem neuen Ehepaare eine Parthie jeder Gattung als Bescheidessen mit nach Hause gegeben."

Zwölf Gänge! Davon neun mit Fleisch oder Geflügel – welcher moderne Magen würde das aushalten? Interessant ist die Rolle, die das Brot spielt: Der Chronist erwähnt, dass es bei reicheren Bauern am Hochzeitstag Semmeln zum Frühstück gab, ärmere reichten Brot. Dass der Berichterstatter dem Brot in dieser singulären Beschreibung eine derart stiefmütterliche Rolle zuweist, darf nicht zu falschen Schlüssen führen. Brot als Hochzeitsgebäck spielte in allen Regionen eine wichtige Rolle, früher wurde es im Haus der Braut gebacken und durfte nur vom Bräutigam angeschnitten werden. Das „Scherzl" wurde aufgehoben, so war sichergestellt, dass das Brot im Haus der frisch Vermählten nie ausging.

Eine wichtige Rolle im Hochzeitsbrauchtum spielen Beugel, auch „Ba" genannt. Die bürgerliche Küche kennt sie in Kipferlform, in der bäuerlichen Küche wurden sie ringförmig als Salzgebäck gefertigt. In Niederösterreich und dem Burgenland hat der süße Brautba Tradition. Hier war es Brauch, der Braut und den Kranzljungfrauen Beugel zu übergeben, die sie nach dem Kirchgang unter die Zuschauer und Gäste warfen. Die rauften sich um das Gebäck – wer das

größte Stück erlangte, konnte das ganze Jahr über mit Glück rechnen. Im Burgenland überreichte die Brautmutter dem jungen Paar einen Riesenbeugel, den die frisch Vermählten auseinander reißen mussten – wer das größere Stück ergatterte, hatte das Sagen im Haus. Bei Hochzeiten war es in vielen Regionen auch üblich, Brote und Gebäcke an Mitglieder der dörflichen Gemeinschaft zu verschenken (Austeilbrote). Das Brautpaar selbst erhielt oft Gebildbrote in Form eines Wickelkinds oder einer Wiege – da alles Leben von Korn und Brot abhängt, ist es nur naheliegend, im Brot auch ein Fruchtbarkeitssymbol zu sehen.

Beim Umzug in ein neues Heim wird Brot und Salz verschenkt. Rechts: Brot als Hochzeitsgebäck wird dem Brautpaar übergeben.

Wenn jemand stirbt, sagt man, „er hat den Löffel abgegeben". Das klingt despektierlich, hat aber einen ganz konkreten Hintergrund: Als die Menschen noch gemeinsam aus einer Schüssel aßen, war der Löffel überlebenswichtig und persönliches Eigentum jedes Mitglieds der Tischgemeinschaft. Wenn einer nicht mehr mitessen konnte, gab er den Löffel ab.

Früher starben die Menschen zu Hause, der Tote wurde aufgebahrt, Freunde und Nachbarn statteten Besuche ab und hielten Totenwachen. Diesen Besuchern reichten die Hinterbliebenen einen Laib Brot mit der Aufforderung: „Schneid ab und iss von seinem Brot, damit ihr euch in der anderen Welt erkennt!“ Dem Boten, der die Einladung zur Trauerfeier brachte, musste man Brot geben, sonst „ließ er den Tod zurück“. Beim Begräbnis wurden Brot- oder Gebäckspenden in großer Zahl und an einen großen Personenkreis verteilt. In vielen Orten war es üblich, auch die Armen an so einem Tag zu beschenken – jedes „Vergelt's Gott“ kam der armen Seele im Jenseits zugute.

VON JANUAR BIS DEZEMBER

Das Jahr war früher durch eine Vielzahl von Festtagen strukturiert. Teils hatten sie religiösen Bezug, Zäsuren setzten aber auch Ruhepausen, die dem Ablauf des bäuerlichen Arbeitslebens folgten. War die Ernte eingefahren, das Dreschen beendet, kamen zu Lichtmess die neuen Dienstboten – immer gab es Anlass zum Feiern.

Der Ausdruck „fressen wie ein Scheunendrescher“ belegt das sehr schön: Wer seine Arbeit geleistet hatte, sollte sich satt essen. Zu vielen dieser Gelegenheiten wurde besonderes Brot gebacken, in jeder Region gab es eigene Traditionen und spezielle Namen für die Brauchtumsbrote. Sie alle aufzuzählen, würde ins Uferlose führen.

Erwähnt werden soll allerdings Allerheiligen (1. November), das mit Allerseelen zu einem Doppelfest verschmolz und besondere Bedeutung hat, weil die Brotspenden für die Armen, die Dienstboten und die Patenkinder besonders reichlich flossen. An diesen Tagen gedachte man der Toten, die gute Tat des Beschenkens sollte ihrem Seelenheil zugute kommen. Neben Wecken und Laiberln wurden Allerheiligensstriezel, ein Weißbrot in Zopf- oder Weckenform,

ausgeteilt, in vielen Regionen sind Heischbräuche belegt: Die Gabensammler, auch „Armenseelengeher“, „Seelenweckengeher“ oder „Heiligenstriezelsammler“ genannt, zogen von Haus zu Haus, erbaten ihren Striezel und bedankten sich mit einem „Vergelt's Gott für die Allerheiligen!“ oder „Vergelt's Gott für die armen Seelen!“

Die Bräuche, die den bäuerlichen Jahreslauf von Lichtmess bis Martini strukturierten, gingen verloren und mit ihnen erlosch auch die Tradition, Gebildbrote zu backen. In der voll mechanisierten Landwirtschaft hängt niemand mehr Tiersymbole aus Teig in den Stall, um Krankheiten abzuwenden. Und viele der Spezialitäten, die es früher nur zu besonderen Anlässen gab, wie zum Beispiel Brezn, gehören heute zum alltäglichen Angebot in den Bäckereien.

Von den christlichen Feiertagen blieben nur Dreikönig, Ostern, Christi Himmelfahrt, Pfingsten, Fronleichnam, Mariä Himmelfahrt, Allerheiligen, Mariä Empfängnis und Weihnachten erhalten. In Österreich sind all diese Tage gesetzliche Feiertage, in Deutschland und der Schweiz hängt es von der Region ab, ob man die Arbeit ruhen lassen und einen Urlaubstag planen kann. Denn das sind die meisten Feiertage geworden: willkommene Gelegenheiten, um sich der Freizeitgestaltung zu widmen. Aber auch wer nicht im Stau, sondern in der Küche steht – zu welcher feierlichen Gelegenheit würde sie oder er heute besonderes Brot backen? In den meisten Familien beschränken sich die Aktivitäten auf Ostern – Osterfladen, Osterzopf, Pinze – und Weihnachten. Neben den Keksen wird noch immer Kletzenbrot hergestellt. In den Brotteig kommen gedörrte Früchte – Zwetschken, Birnen –, die Zutaten lassen sich bereichern: Nüsse, Zitronat, Orangeat etc.

Das Kletzenbrotbacken, das traditionell am Andreastag, dem 30. November, stattfand, leitete früher die Adventszeit ein. Je nach Hausbrauch wurde es zu Nikolo oder erst zu Weihnachten angeschnitten. Mit dem Kletzenbrot verbanden sich früher diverse Brauchtumshandlungen, so gab man zum Beispiel auch den Tieren im Stall davon, damit sie gesund blieben. In manchen Regionen bekamen die Knechte und Mägde ein Kletzenbrot von der Herrschaft geschenkt, ein einfaches mit Zwetschken und Birnen. Wollten sie feinere Zutaten wie Rosinen oder Feigen mussten sie diese selbst kaufen, die Hausfrau buk sie dann mit in den Brotteig ein.

LEBENDIGES BRAUCHTUM

Die Vielfalt der Brauchtumsbrote hat sich also auf ein Minimum reduziert, Figuren wie den Nikolo oder den Osterhasen, die früher aus Brotteig geformt wurden, haben Schokoladenprodukte ersetzt. Aber es gibt Bäcker im Alpenraum, die sich an die Tradition erinnern und zum Beispiel wieder Allerheiligenstriezel anbieten oder – beispielsweise in der Innerschweiz – am 5. Februar Agatha-Brötli herstellen. Der 5. Februar ist der Gedenktag der Heiligen Agatha von Catania. Sie gehört zu den Brotheiligen, das in ihrem Namen hergestellte und geweihte Brot schützt vor Krankheiten und Unheil.

Aufklärung, Industrialisierung, ein modernes, von immer neuen wissenschaftlichen Erkenntnissen bestimmtes Weltbild – all das hat einem Brauch nichts anhaben können, der noch heute gelebt und schon in der Bibel erwähnt wird: Dort werden Verbindungen, die auf ewig währen sollen, als „Salzbündnisse" bezeichnet. Salz ist lebenswichtig für den menschlichen Körper, ohne Natrium und Chlorid kann unser Organismus nicht funktionieren. Brot ist unser Grundnahrungsmittel – der Verbindung dieser beiden Urspeisen werden magische Wirkungen zugesprochen. Wer mit jemand anderem Brot und Salz teilt, zeigt, dass er ihm wohlgesonnen ist, wer Brot und Salz verschenkt – anlässlich einer Hochzeit oder eines Umzugs – verbindet damit Segenswünsche: Fruchtbarkeit, Gesundheit, das Leben im Zweierbund oder im neuen Heim möge gelingen. Dieser Brauch wird nicht öffentlich zelebriert, Brot und Salz zu verschenken, ist eine private Geste der Vertrautheit und Freundschaft.

Striezel gehören zu den Brauchtumsbroten, die unter anderem auch zu Allerheiligen gebacken wurden.

GEBRUDER OBERLE

Wo noch alte Brotbräuche in der Gemeinschaft und Öffentlichkeit ausgeübt werden wie zum Beispiel beim Striezelwerfen in Stein im Kärntner Jauntal, ziehen sie zwar viele Menschen an, aber die treibt nicht Bedürftigkeit oder Wunderglaube. Das Striezelwerfen geht auf die Heilige Hildegard von Stein zurück. Sie starb 985 und hatte verfügt, dass alljährlich an ihrem Todestag, dem 5. Februar, Brot an die Armen verteilt werden sollte. Allein schon die Tatsache, dass der Brauch am ersten Sonntag im Februar und nicht am Todestag der Heiligen stattfindet, zeigt, dass er aufgeweicht ist. Diejenigen, die sich heute um die Brote balgen, sind nicht Arme, die gespeist werden müssen, Glaube und Aberglaube, die dem Brauch seine Sinnhaftigkeit geben, fehlen. Was früher von Volksfrömmigkeit getragen war, wird heute zum „Event".

Das gilt auch für einen Brauch, der 2007 in München reanimiert wurde und seine Wurzeln im Mittelalter hat: Im Juli 1318 stiftete das Ehepaar Wadler 63 Pfund Pfennige für die Armenspeisung, drei Pfund sollten für eine jährliche „Breznspende" Verwendung finden. Anders als heute waren Brezn damals etwas Besonderes, eine Fasten- und Festtagsspeise aus Weizenmehl. Kein Wunder, dass die Münchner den Mann freudig erwarteten, der am 27. Dezember nachts auf seinem Schimmel durch die Stadt zog, bereits einige Brezn verteilte und verkündete, dass weitere am nächsten Tag im Heiliggeistspital abgeholt werden konnten. Der Termin wurde später verlegt, die „Wadlerspende" gab es bis 1801. Da hatte der Reiter wohl zu wenige Brezn dabei, die darüber Erzürnten zogen ihn vom Pferd und verprügelten ihn. Das war's dann, der Brauch wurde verboten. Heute muss der Reiter keine Prügel befürchten, auch wenn ihm die Brezn ausgehen. Keiner würde die Hand erheben wegen eines Gebäcks, das zum Alltag gehört und in jeder Bäckerei zu kaufen ist.

Egal, ob man Jause oder – wie in Bayern – Brotzeit macht, das Brot spielt immer eine zentrale Rolle.

EIN RECHT GROSSES STÜCK VOM BROTLAIB ABSCHNEIDEN

Peter Rosegger, „Als ich noch der Waldbauernbub war"

Unsere schöne Mühle im lichten Wiesental, in der ich meinem Vater so oft das Korn mahlen half, war in einer Nacht niedergebrannt ...

Da ging mein Vater zum Nachbarn Thoma und fragte an, was er Gegendienste leisten müsse, wenn er die Mühle im Schierlinggraben an Tagen, da sie leer stehe, benutzen dürfe.

Der Thoma legte meinem Vater einen Brotlaib vor: er möge sich abschneiden, nur ein recht groß Stück, er, der Nachbar, habe gut Korn gebaut. Ja, und vonwegen der Mühle, die könne er, mein Vater, schon haben; so einen, zwei Tage die Woche steht sie ja leer; und eines Gegendienstes wegen könne keine Rede sein; mein Vater sei mit dem Feuer unglücklich gewesen, ja, und das könne jedem geschehen, solle sich nur noch Brot abschneiden, ein rechtschaffen Stück. Gesegne Gott! Gesegne Gott!

Bräuche suchen ihre Wurzeln im Historischen, sie entstehen aber auch neu wie zum Beispiel die „Weisertweckenfahrten". „Weisat" nannte man im Alpenraum die Gaben, die der Wöchnerin übergeben wurden, Speisen, aber auch Geschirr oder Stoff. Selbstverständlich war in den Geschenkkörben auch immer ein Weißbrot. Diesen Brauch haben die jungen Leute aufgegriffen und ihn zeitgemäß verändert: Sie lassen beim Bäcker den Weisertwecken backen, dessen Größe sich nach dem Gewicht des Neugeborenen richtet: ein Meter Weißbrot pro 500 Gramm Körpergewicht. Diese riesigen Backwerke werden geschmückt und dann zum Haus der Eltern gefahren, wo die Freunde versammelt sind und mit Speis und Trank die Ankunft des neuen Erdenbürgers feiern. Alte Wurzeln, neue Inhalte und Formen. Man sieht: Wir brauchen Bräuche.

Unser täglich Brot

Zwei Frauen, zwei Landwirtschaften, zwei Familienbetriebe: Anni Pevny aus dem oberösterreichischen Mühlviertel und Elisabeth Unger aus dem Seewinkel im Burgenland sind zwei Bäckerinnen, die ganz genau wissen, was in ihr Brot hineinkommt. Nämlich ausschließlich Getreide, das auf den eigenen Feldern wächst.

Am Donnerstag in der Nacht geht's hoch her in der Backstube von der Anni. Eigentlich ist es dann ja schon Freitag, denn so ab 1 Uhr früh legt Anna Pevny los. Da beginnt das Leben in ihrer Backstube im oberösterreichischen Ruprechtshofen. Es wird gerührt, gemischt, geknetet, gewalzt und gebacken. Hier ist der Roggensauerteig, dort das Einkorn- und das Dinkelmehl, da der Kümmel, dort die Fenchelsamen und das Salz. Ein Teig ist schon fast fertig, prüfend drückt ihn die Anni ein wenig mit dem Finger. Sie gießt noch einen Schuss Wasser dazu und wieder läuft das Knetwerk.

Der Reihe nach werden nun Laibe geformt, bevor sie in den typischen geflochtenen Weidenkörbchen, den Simperln, rasten, die ihnen die charakteristische Oberfläche verleihen werden. Auf der Unterseite bekommen alle Brote noch einen speziellen Stempel mit einer Art Keksausstecher, den sich die Anni eigens anfertigen ließ und den sie sorgfältig in jeden Laib hineindrückt. „Bio" steht dann dort in großen Buchstaben.

Später werden die Laibe auf den hölzernen Brotschieber gelegt und ab geht es in den Ofen. Doch zuvor muss noch Zeit für eines sein – auch wenn viel los ist und überall jede Menge Arbeit wartet. Bevor die Anni das Brot in den Ofen „einschießt", wie man sagt, kriegt jeder einzelne Laib ein kleines Kreuzerl. „Ich sag Danke", meint die Anni einfach, „Danke für das Geschenk des Brotes und für unser Getreide."

Anna Pevny an ihrem Lieblingsort: ihre Backstube auf dem Bauernhof.

SALZSTANGERLN & SEGENSBROT

Gelernt hat Anna Pevny das Backen daheim. Ihre Mutter war's, die ihr die Liebe dazu vermittelt hat. Die stammte nämlich aus einer Bäckersfamilie und begann später auch daheim für die Anni und ihre Geschwister zu backen. „Da war ich so etwa 12, 13 Jahre. Und sie hat herrliche Salzstangerln gemacht", schwärmt die Anni bis heute. Damals begann sie, sich selbst ebenfalls fürs Bäckerhandwerk zu interessieren. Und später dann, als schon die eigenen Kinder auf der Welt waren, da hat sie so richtig damit begonnen. Viel habe sie von der Mutter gelernt, „ich hab sie richtig ausg'fragt." Und viel habe sie sich dazu auch noch selbst beigebracht.

Frisch aufgeschnittenes Brot von Bio-Bäckerin Anni, insgesamt stellt sie sieben Sorten her.

Sieben verschiedene Sorten Brot stellt Anna Pevny heute her, dazu noch Strudel und Brioche, Kipferln oder Kekse. Manchmal macht sie auch sogenannte „Segensbrote", ganz speziell geschmückte Laibe, die zum Beispiel für eine Hochzeit bei ihr bestellt werden. Sorgfältig formt sie dann als Verzierung für dieses besondere Brot die Buchstaben „IHS", das alte Christusmonogramm. Und auch die Pfadfinder hätten schon einmal eine Spezialbestellung bei ihr aufgegeben: Für einen besonderen Anlass wurde ein Brot mit Pfadfinderknoten oben drauf gebacken.

Groß ist die Nachfrage nach den wunderbaren Broten überall: wenn Anna und ihr Ehemann Franz etwa einmal im Monat beim Bauernmarkt in Niederneukirchen sind. Dann ist meistens alles schnell weg, was die Anni in der Nacht davor liebevoll gebacken hat.

HOFLADEN & BROTBACK-CLUB

Selbst große Firmen hätten schon bei ihr angeklopft, um das Brot ins Programm aufzunehmen. Aber das will die Bio-Bäuerin nicht, zu unsicher sei ihr die Aussicht, zu groß die Verpflichtung. Und zu tun ist ohnehin schon jede Menge. Etwa die Betreuung des eigenen Hofladens, der freitags und samstags offen hat. Rund 20 „Lieferpartner", wie Anni ihre Lieferanten nennt, sind hier mittlerweile vertreten.

Oder auch die Brotbackkurse und Schulinformationsveranstaltungen, die sie mit großer Freude immer wieder abhält. Sogar einen eigenen „Brotback-Club" hat sie gegründet. Da treffen sich einmal im Monat alle, die von dem Thema nicht genug bekommen können. Etwa Leute aus der Nachbarschaft, die bei Anna Pevny schon einmal einen Backkurs absolviert haben. Dann wird gefachsimpelt, getratscht – und natürlich gemeinsam gebacken.

Ganz besonders wichtig ist Anna Pevny auch, dass sie ausschließlich ihr eigenes Getreide verarbeitet. Die Landwirtschaft führt mittlerweile Sohn Thomas. „Er ist ein ganz ein toller Bauer", sagt die Mutter stolz. Roggen, Weizen, Dinkel, Einkorn, Hafer, Gerste, Hirse, Braunhirse oder auch Buchweizen werden angebaut. Und die Gewürze Kümmel sowie Fenchel stammen ebenfalls aus der Erde der eigenen Felder.

Im Stadel des Bio-Hofes hat man auch eine kleine Mühle aufgestellt, das Vollkornmehl wird hier regelmäßig frisch gemahlen. Bloß das weiße, gesiebte

Mehl, das kommt aus dem Müllereibetrieb im Ort, den es zum Glück noch gibt. „Das ist Gottseidank ein kleiner Betrieb. Denn da bekomm ich auch wirklich das Mehl von meinem Getreide und nicht irgendeine Mischung."

Draußen im Hof haben die Pevnys übrigens auch noch zwei ganz besondere Öfen: aus Lehm gebaute. Dort wird dann Brot gebacken wie in alten Zeiten; mit der Kraft und Hitze der Holzglut.

AUS DER SEEWINKLER BACKSTUBE

Jeden Dienstag und Freitag geht auch in einem typisch burgenländischen Häuserzeilenhaus im kleinen Ort Wallern sehr früh das Licht an. Um 4 Uhr bringt Heinrich Unger das frisch vermahlene Korn von der Steinmühle in die Backstube. Für seine Frau Elisabeth Unger beginnt jetzt der Backtag, sie mischt das noch warme Mehl mit dem angesetzten Sauerteig, knetet, schüttet und formt Brotlaibe, die sie noch auf-

Feuer und Glut sorgen für die richtige Hitze im Lehmbackofen.

gehen lässt. „Das meiste mach ich iwahaps." (So sagt man hier, wenn man meint, dass etwas aus dem Bauch heraus und nach Gefühl geschätzt wird.) „Mit der Schaufel, gewogen wird nur der fertige Teig", erzählt sie, während sie mit schnellen Handgriffen die ersten Brotwandln aus dem heißen Ofen holt.

Die Nachfrage nach ihrem Brot ist groß, 300 bis 400 Stück verkauft sie in der Woche, dazu jede Menge Weckerln, Torten und Schnitten aus Dinkelmehl. Viel mehr soll es gar nicht werden: „Ich bin froh, dass wir hier ein bisschen versteckt sind. Ich mach meine Arbeit wahnsinnig gern und mag sie nicht aus der Hand geben, aber ich hab halt auch nicht mehr als zwei Hände."

BROTBERUF BÄUERIN

Elisabeth Unger kommt aus einer Landwirtsfamilie, hat im Heimatort einen Landwirt geheiratet und freut sich, dass die Tradition weiterleben kann. Ihr Mann ist seit nicht allzu langer Zeit Vollerwerbs-Landwirt und Müller, zwei der drei Kinder arbeiten im Betrieb mit. Die Köchin, Bäckerin und Konditorin Susanne rollt neben der Mutter flink Dinkel-Salzstangerln ein, faltet Topfengolatschen und bestreut Kornweckerln.

Sohn Hannes wollte erst Mechaniker werden, hat dann aber doch auf Landwirt umgesattelt. Er kümmert sich um die Felder, auf denen im pannonischen Klima Purpurweizen, Einkorn, Roggen, Dinkel und Kurosan (Kamut) reifen, ums Dreschen, Trocknen und wenn nötig Entspelzen. Gespritzt wird nicht, da heißt es doppelt aufpassen, wenn etwa einmal viel Sauerklee im Roggenfeld wächst. Der Verzicht auf Unkrautvernichter zahlt sich dennoch aus: „Das ist alles Natur pur, das schmeckt man. Unser Kamut duftet manchmal nach Kamille, weil eben auch viel Kamille am Feld aufgeht."

Begonnen hat alles im Jahr 2002, als sich die gelernte Bäckerin und Landwirtin für ihr Brot daheim einen neuen Ofen wünschte. Und weil der Steinofen für 12 Brote nicht teurer war als der für 6 und sich das Aufheizen für nur zwei Brote nicht rentiert, gab's von nun an genügend Brot für Freunde, Verwandte und immer mehr Laufkundschaft. Nicht wenige Leute schüttelten anfangs den Kopf über die backende Bäuerin, doch sie machte weiter. Ohne Plan, aber aus Überzeugung. Als noch ein Steinofen dazukam, musste Heinrich Unger das Haus ein bisschen umbauen, der Hof wurde zum Wintergarten, das Kinderzimmer zur Backstube, die Waschküche zum Verkaufsraum. Schlichte Holzregale, eine kleine Vitrine, mehr braucht es nicht, der Duft vom frisch gebackenen Brot erledigt den Rest.

SEEWINKLER KRAFTBROT

14 Brotsorten liegen hier in den Regalen, Dinkel-Sonnenblumenbrot, Körndlbrot, glutenfreies und allerlei mehr. Das Erdäpfeldinkelbrot ist eine Abwandlung vom mütterlichen Grundbirnbrot. Kümmel, Koriander und Fenchel liefern die Bauern aus dem Dorf, sonst kommt nur ins Brot, was selbst angebaut wird: getrocknete Paradeiser, Karotten oder Zwiebeln beispielsweise. Elisabeth Ungers Lieblingsbrot? „Das Roggen-Sauerteigbrot ist mein ganzer Stolz, das ist hefefrei, 100 Prozent Vollkorn, ganz sortenrein." Ein Drittel ihrer Kunden sind Allergiker, nicht nur sie schätzen den natürlichen, authentischen Geschmack. Mehl, Wasser, Sauerteig – das klingt so einfach und ist doch so schwer. Fragt man sie nach dem Geheimnis, lacht die Brotbäuerin: „Das frisch vermahlene Korn aus der Steinmühle vielleicht und der Verzicht auf Zusatzstoffe, in meinem Brot ist nur meine Energie drin. Ich denk schon, dass da etwas mitschwingt, ich bin so zufrieden und so glücklich mit meiner Arbeit, ich glaub, das schmeckt man auch im Brot."

WEIZEN
ROGGEN
HIRSE

Hafer
Das beste Korn
Von Amaranth bis Weizen
Dinkel

Amaranth

»→ Amaranth *(lat. amaranthus cruentus)* zählt zu den Pseudocerealien, sprich, er ist eine Samenpflanze, deren Körner ähnlich wie Getreide zubereitet werden können. Da er glutenfrei ist, besitzt er keine Eigenbackfähigkeit, man kann ihn aber mit Weizenmehl vermischt zum Brotbacken verwenden. Amaranth gehört zur Familie der Fuchsschwanzgewächse, die sich in über 900 Arten und 60 Gattungen gliedert. Die Pflanze wird zwischen einem halben Meter und drei Metern hoch, die Blätter lassen sich wie Spinat zubereiten.

Amaranth gehört zu den ältesten Nutzpflanzen der Menschen. Körner, die als Grabbeigaben in den Coxcatlan-Höhlen nahe der mexikanischen Stadt Veracruz gefunden wurden, weisen darauf hin, dass die Azteken die Pflanze seit mindestens 7.000 Jahren kannten.

Amaranth gilt als „Wunderkorn der Inkas und Azteken", seine ernährungsphysiologischen Werte übertreffen die von Reis, Mais, Weizen und anderen Getreiden. So enthalten 100 Gramm Amaranth bis zu 16 Gramm Eiweiß, das durch seinen hohen Lysin-Ge-

Auch die Blätter des Amaranth sind nahrhaft, sie lassen sich wie Spinat zubereiten.

halt besonders wertvoll ist. Diese essentielle Aminosäure fördert den Stoffwechsel und die Fettverbrennung und erhöht die körperliche Leistungsfähigkeit. Eine Kraftquelle, die die Hochlandindianer befähigte, Strecken von über 40 Kilometern pro Tag in den Anden zurückzulegen.

Die Pflanze galt den Ureinwohnern als heilig und erregte damit das Misstrauen der katholischen Konquistadoren. Auch lag es in ihrem Interesse, die Konstitution der Indianer zu schwächen, die sie als Heiden unterjochen wollten. Und so verboten die Eroberer im 16. Jahrhundert den Anbau und Verzehr von Amaranth unter Todesstrafe. Nur in entlegenen Bergregionen konnte sich die Pflanze halten, verlor aber im Lauf der Jahrhunderte in ihrem Ursprungsland jede Bedeutung.

Erst in den 1980er-Jahren entdeckten nordamerikanische Forscher den Amaranth wieder und in der Folge trat die Pflanze ihren Höhenflug an. Im wahrster Sinne des Wortes: Die NASA setzt Amaranth als Astronautennahrung ein.

»→ Der Name ist reiner Etikettenschwindel. Der echte oder gemeine Buchweizen *(lat. fagopyrum esculentum)* ist kein Getreide – er gehört zu den Knöterichgewächsen und ist damit mit Rhabarber und Sauerampfer verwandt –, und mit der Buche verbindet ihn nur eines: die Form seiner Samen. Die ungeschälten, dunkelbraunen Früchte des Buchweizens sind dreieckig und sehen aus wie kleine Bucheckern. Der Volksmund hat andere Namen für die Pflanze gefunden. In den traditionellen Hauptanbaugebieten, der südlichen Steiermark und Kärnten, heißt er Heiden oder Hadn wohl deshalb, weil die Pflanze aus Asien kam und von „Ungetauften" nach Europa gebracht wurde.

In Kärnten wird der Buchweizen in den 1440er-Jahren erstmals urkundlich erwähnt. Im Jauntal kultiviert man ihn noch heute, der Jauntaler Hadn gehört zu den „Traditionellen Lebensmitteln" und damit zu den Produkten und Speisen, die seit mindestens drei Generationen oder 75 Jahren mit traditionellem Wissen in Österreich kultiviert oder verarbeitet werden.

Buchweizen ist anspruchslos und wächst auf kargen Böden, allerdings mag er es weder zu kalt noch zu nass. Auf Kunstdünger reagiert er kontraproduktiv: Er entwickelt zwar Blätter, aber keine

Buchweizen

Auf dieser historischen Abbildung sind die Samen gut zu sehen, denen der Buchweizen seinen Namen verdankt.

Blüten und folglich auch keine Früchte. Die kurze Vegetationszeit ermöglicht die zweimalige Aussaat und Ernte in einem Jahr. Die Pflanze wird etwa 60 Zentimeter hoch und trägt weiße bis rosa Blüten, die Bienen gerne anfliegen.

Da seine Samen ähnlich wie Getreide zubereitet werden können, zählt Buchweizen zu den Pseudocerealien. Allerdings enthält er kein Klebereiweiß und eignet sich somit nicht zur Brot- oder Gebäckherstellung. Die Armen, die ihn früher oft dreimal täglich aßen, bereiteten ihn als nahrhaftes Breigericht zu: Buchweizen enthält ebenso viel Eiweiß wie Weizen, ist reich an Eisen, Kalzium, Kalium, Magnesium und den Vitaminen B1, B2 und B6.

Dinkel

»→ „Dinkel ist das beste Getreide, fettig und kraftvoll und leichter verträglich als alle anderen Körner. Es verschafft dem, der es isst, ein rechtes Fleisch und bereitet ihm gutes Blut. Die Seele des Menschen macht er froh und voll Heiterkeit. Und wie immer zubereitet man ihn isst, sei es als Brot, sei es als andere Speise, ist er gut und lieblich und süß", schrieb Hildegard von Bingen (1098–1179).

Mit der Wiederentdeckung der Heilkunde von Hildegard von Bingen erlebt auch ein fast vergessenes Getreide seine Renaissance: der Dinkel. Dinkel *(lat. triticum spelta)* ist eine Weizenart, die vermutlich schon in der Jungsteinzeit durch Kreuzung von Emmer und Zwergweizen entstand und vor allem im südwestdeutschen Raum, in der Schweiz und in Österreich angebaut wurde. Der Beiname „Schwabenkorn" weist darauf hin, dass das Getreide den Alemannen als Grundnahrungsmittel diente. Von seiner Bedeutung im Mittelalter zeugen Stadt- und Flurnamen wie der Dinkelberg bei Lörrach und Dinkelsbühl mit seinen drei Dinkelähren im Stadtwappen. Dinkel wird auch Spelt oder Spelz genannt: Die Spelzen, die ein Drittel des Gewichts ausmachen, umschließen die Frucht so fest, dass sie nicht durch Dreschen, sondern nur durch einen speziellen Mahlgang (Gerbgang) gelöst werden können.

Hildegard von Bingen hatte Recht: Dinkel ist ein sehr gesundes Getreide, reich an essentiellen Aminosäuren, Eiweiß, Eisen, Kalium, Magnesium und Vitaminen der B-Komplexe. Trotz dieser positiven Eigenschaften geriet der Dinkel im 20. Jahrhundert in Vergessenheit und wurde vom ertragreichen Weizen von den Feldern verdrängt. Dinkelkörner werden zwar fast doppelt so groß wie Weizenkörner, aber Dinkel wächst auf der Ähre nur zweizeilig, Weizen dagegen vierzeilig. Zudem ist der Ernteertrag beim Dinkel schwankend und die brüchige Ährenspindel erschwert die Ernte.

Das Sprichwort „Wer in Dinkel fällt, kommt staubig heraus"

beinhaltet ein Wortspiel: Es geht nicht ums Getreide, sondern um den Dünkel. Und den kann man dem Dinkel nicht unterstellen: Die Pflanze, die fast 1,50 Meter hoch wird, stellt geringe Ansprüche an Boden oder Klima. Sie wächst auf kargen Böden und in Höhenlagen bis 1.500 Metern und toleriert auch extreme Wetterbedingungen. Dinkel ist nicht nur anspruchslos, er ist auch unbestechlich: Der Ernteertrag lässt sich durch Kunstdünger kaum steigern, das Getreide ist für die konventionelle Intensivlandwirtschaft daher ungeeignet. Dies führte dazu, dass Dinkel von Zuchtversuchen weitgehend verschont blieb und sich die ursprüngliche Kraft seiner alten Stammsorten, zu denen Oberkulmer Rotkorn, Ebner-Rotkorn, Frankenkorn, Schwabenkorn und Ostro gehören, bis heute erhalten konnte.

Dinkel enthält einen hohen Kleberanteil, sein Mehl verfügt also über ausgezeichnete Backqualitäten und eignet sich bestens zur Herstellung von Brot und von feinen Backwaren, denen es einen nussigen Geschmack verleiht. Erntet man Dinkel im Zustand der Milchreife, spricht man von Grünkern.

Die Spelzen umschließen die Frucht des Dinkels so fest, dass sie nicht durch Dreschen gelöst werden können.

Emmer & Einkorn

»→ Die Entwicklung von Kulturpflanzen gehört zu den schöpferischen Leistungen der Menschheit. Mit der Erfindung der Landwirtschaft begann die Domestikation der Pflanzen. Wissenschaftliche Untersuchungen belegen, dass drei Getreidearten die Urkulturpflanzen der steinzeitlichen Landwirtschaft waren: Emmer, Gerste und Einkorn. Die wilden Gräser, aus denen die Kulturpflanzen gezüchtet wurden, konnten identifiziert werden, und so weiß man genau, welche Vorteile die Domestikation den Menschen brachte. Die Wildarten mussten sich vermehren, sie hatten spröde Ähren, die Spelzen sprangen nach der Reifung auf: Auf diese Weise verbreiteten die Pflanzen ihr Saatgut. Der Mensch aber wollte die Körner nicht vom Boden klauben, sondern die Ernte einfahren. Ziel der Selektion war also, Varianten zu züchten, die das Korn auch nach der Reifung in den Ähren hielten.

Wie Peter Watson in „Ideen“ darstellt, besteht nach einem DNA-Vergleich von diversen Weizenarten in Südwestasien Grund zu der Annahme, dass nur ein einziger Domestikationsversuch stattgefunden hat. Das Getreide, das schließlich auch in unsere Breiten gelangte, wurde „also bereits als Kulturgetreide in die gesamte riesige Region transportiert“. Das bedeutendste Urgetreide war der Emmerweizen *(lat. triticum dicoccum)*. Da er zwei Körner pro Ährchen hat, wird er auch Zweikorn genannt. Das Einkorn *(lat. triticum monococcum)* trägt, wie der Name sagt, nur ein Körnchen. Die wenig ertragreichen Sorten wurden züchterisch nicht verändert und im 20. Jahrhundert kaum mehr angebaut. In den letzten Jahrzehnten – 1998 wurden die EU-Verordnungen zur Förderung des Anbaus seltener Kulturpflanzen um Emmer und Einkorn ergänzt – besteht aber für die Ökobauern wirtschaftlicher Anreiz, sich mit diesen Getreidesorten zu beschäftigen: Die Bauern erhalten ebenso hohe Anbauprämien wie für konventionelle Getreidearten. Diese Maßnahmen sollen helfen, den Gen-Schwund aufzuhalten. Die alten und seltenen Sorten in Genbanken aufzubewahren, nützt nicht viel, retten kann man sie nur, indem man sie anbaut und dem Konsumenten zum Verzehr vorsetzt. Frei nach der Devise: „Wir retten sie, indem wir sie aufessen.“

Emmer (oben) und Einkorn (links) gehören zu den Urkulturpflanzen, sie wurden schon in der Steinzeit angebaut.

Emmer und Einkorn sind Nischenprodukte, werden aber von Bio-Bauern in verschiedenen Regionen Österreichs, Bayerns und der Schweiz angebaut. Beide besitzen eine geringeren Klebeanteil als Saatweizen, eignen sich aber zum Brotbacken. Das Mehl des Einkorns weist eine intensive gelbliche Färbung auf, die auf den hohen Beta-Carotingehalt zurückzuführen ist. Einkorn enthält deutlich mehr Protein als Weizen und ist reicher an Aminosäuren als Weizen und Dinkel. Auch Emmergetreide ist reich an Eiweiß und Mineralstoffen und verleiht dem Backwerk einen leicht nussigen Geschmack.

GERSTE

Gerste spielt eine wichtige Rolle bei einem Brot, das nicht aus dem Backofen kommt: dem „flüssigen Brot", wie man Bier auch nennt.

„Zum Scheckbauern ist im Sommer eine Familie gekommen. Die war sehr vornehm, und sie ist aus Preußen gewesen. Wie ihr Gepäck gekommen ist, war ich auf der Bahn, und der Stationsdiener hat gesagt, es ist lauter Juchtenleder, die müssen viel Gerstl haben."

Die Vornehmen aus Preußen, die in Ludwig Thomas „Lausbubengeschichten" mit der ländlichen bayerischen Welt konfrontiert wurden, hatten bestimmt keine Ahnung, was „Gerstl" ist: Geld. Wer Gerste in ausreichender Menge hatte, war ein gemachter Mann, schließlich ist Bayern das Land des Biers, und die Brauer brauchen Gerste zum Malzen. Gerste *(lat. hordeum)* ist eine der ältesten Getreidearten und fungierte schon vor unserer Zeitrechnung, zum Beispiel bei den Ägyptern, als Zahlungsmittel. Im Mittelalter diente sie auch als Gewichtsmaß: Ein Karat entsprach dem Gewicht von drei Gersten- oder vier Weizenkörnern.

Kultiviert wurde das wilde Grasgewächs seit der Steinzeit: Gerste zählt zu den Urkulturarten unter den Getreiden. Auch „Ötzi" hatte Gerste gegessen, bevor er vor rund 5.000 Jahren in den Ötztaler Alpen starb. Da Gerste anspruchslos ist, auch auf mageren Böden gedeiht und zudem unter allen Getreidearten, die man vor der Entdeckung der Neuen Welt kannte, die kürzeste Wachstumszeit hat, war sie über Jahrtausende das wichtigste Getreide, aus dem Brei und Fladenbrot hergestellt wurden.

Auch als in der Antike zunehmend Weizen kultiviert wurde, stand die Gerste noch immer hoch im Kurs und hielt ihre Position als Hauptgetreidesorte. Man pries ihre Bekömmlichkeit und schrieb ihr offenbar auch noch andere Eigenschaften zu – Homer nannte sie das „Mark der Männer". Erst ab dem vierten vorchristlichen Jahrhundert begann der Weizen die Gerste als Brotgetreide zu verdrängen, und die Römer hatten für das „Mark der Männer" nur noch markige Schmähworte übrig: „Hühnerfutter, Sklavenfutter!" Weder Hühner noch Sklaven waren damit übrigens schlecht bedient. Gerste ist reich an Vitamin B2 und B6 – der von den vornehmen Römern konsumierte Weizen hingegen enthält zwar mehr B1, schneidet aber im

Vergleich mit B2 und B6 schlechter ab. Freilich bietet Weizen als Brotgetreide einen unschätzbaren Vorteil: Gerste ist kleberarm, reines Gerstenbrot neigt zur Rissbildung und wird leicht krümelig.

Heute spielt Gerste nur noch in klimatisch extremen Gebieten, rauen Regionen oder hohen Lagen, wo man ihre Widerstandsfähigkeit und die kurze Reifezeit schätzt, eine Rolle als Brotgetreide. Sie wird als Futtermittel angebaut und natürlich um jenes Brot herzustellen, das die Menschen in flüssiger Form zu sich nehmen: den Gerstensaft. Von allen Getreidearten eignet sich die Gerste am besten zum Mälzen. Verwendung findet dabei die Braugerste, eine zweizeilige, feinspelzige Sorte mit niedrigem Eiweißgehalt, voller Kornausbildung und guter Keimfähigkeit, die eigens für die Bedürfnisse der Brauwirtschaft gezüchtet wurde.

Botanisch klassifiziert man die Gerstensorten nach der Ährenform: sechszeilige, vierzeilige und zweizeilige Gerste. Erstere wird kaum mehr angebaut, letztere dient als Braugerste. Gerste gehört zu den Süßgräsern, von denen es etwa 25 Arten gibt, die im „Gerstengürtel" (zwischen dem 55. und dem 65. Grad nördlicher Breite) wachsen. Bei der Saatgerste unterscheidet man die einjährige Sommergerste und die einjährig überwinternde Wintergerste.

Hafer

»→ In der Wertschätzung der Menschen in unseren Breiten liegt der Weizen ganz vorne, gefolgt von Roggen und Gerste. Hafer rangiert hinter diesen drei Getreiden, er war überwiegend Viehfutter, das spiegelt sich auch in seinem Namen wider. Das mittelhochdeutsche Haber, das in der süddeutschen, österreichischen und schweizerischen Mundart erhalten blieb, ist eine Ableitung vom germanischen *habra* (Ziegenbock). Die ursprüngliche Bedeutung lautet also „Ziegenbockskraut". Hafer war billig, er ernährte die Tiere. Die Menschen, die ihn als Brei aßen, gehörten zu den Armen. Im Bairischen sagt man, jemand ist „auf die Haberhälm" gekommen, wenn er in Not gerät. Ist einer „aus dem Hafer in die Gerste geraten", bedeutet das, dass er von einer misslichen Lage in eine noch schlimmere geraten ist. Dies hat nun nichts mit der ökonomischen Wertigkeit der beiden Getreide zu tun: Gerstenähren mit ihren langen Grannen stechen, der Hafer ist ein Rispengras und verletzt die Haut nicht. Diese Rispen zeichnen den Hafer aus und stellen ihn – ästhetisch betrachtet – über seine Kollegen, die feste Ähren bilden. Die Früchte des Hafers hängen

Bis die Kartoffel ihren Siegeszug antrat, ernährte der Hafer die Armen, die ihn als Brei aßen.

einzeln an feinen Trägern und reagieren auf jeden Windzug. Diese Bewegung des goldgelben Haferfeldes haben Impressionisten wie Claude Monet und Vincent van Gogh fasziniert und inspiriert.

Funde in Schweizer Pfahlbauten belegen, dass der Hafer *(lat. avena)* bereits in der Bronzezeit kultiviert wurde. Die Germanen schätzten ihn, der römische Schriftsteller Plinius, der im 1. Jahrhundert lebte, berichtet: „Die Völker Germaniens säen Hafer und leben ausschließlich von einem daraus bereiteten Brei." Für ihn und seine Zeitgenossen stellte das die Primitivität der Barbaren unter Beweis. Andererseits aber mussten sie zugeben, dass die „Haferfresser" recht kräftig waren, und das mag auch an ihrer Kost gelegen haben: Hafer ist proteinreicher als Gerste, Weizen und Roggen, zudem ist er reich an Mangan und den Vitaminen B1 und B2.

Weit übers Mittelalter hinaus war Hafer in Mitteleuropa Volksnahrungsmittel. Zur Brotherstellung ist er zwar nicht geeignet, aber die Armen lebten sowieso überwiegend von Brei. Erst mit dem Siegeszug der Kartoffel, die sich im späten 18. Jahrhundert endgültig durchgesetzt hatte, verschwand der Hafer vom Speiseplan. Ernährungsphysiologisch gesehen war die Umstellung auf die Kartoffel ein Rückschritt, enthält sie doch sehr viel weniger Protein als der Hafer. Die flächendeckende Umstellung von Hafer auf Kartoffeln wurde auch dadurch erleichtert, dass Erdäpfel ebenso wenige Ansprüche an Boden und Klima stellen wie der Hafer.

Hirse

»→ Es begann mit einem Apfel und endete mit den folgenschweren Worten: „Im Schweiße deines Angesichts sollst du dein Brot essen." Gott sprach's, und der Mensch musste sich von nun an plagen und sehnte sich nach einem Ort, wo er nicht nur ohne Arbeit satt werden konnte, sondern auch noch Köstlichkeiten zu essen bekam, die auf Erden ganz wenigen vorbehalten waren. Im deutschsprachigen Raum heißt dieser Ort Schlaraffenland. Und er ist relativ einfach zu betreten. Man muss kein Held sein und Drachen töten oder kryptische Fragen beantworten, es genügt, so schreibt Hans Sachs im 16. Jahrhundert, sich durch einen „Berg mit Hirßbrey" zu essen.

Eine angenehme Aufgabe, die allerdings auch ihre Tücken hat: Der Name Hirse geht etymologisch auf ein indogermanisches Wort für „Sättigung, Nahrung" zurück. Den Berg zu überwinden gelang also nur dem Vielfraß. Hirse macht nicht nur satt, sie ist mineralstoffreich und enthält besonders viel Silizium, Eisen und Vitamin B6.

Wie Hafer und Buchweizen gehörte Hirse zu den Arme-Leute-Speisen. Vermutlich wurde sie in Europa schon vor Roggen und Weizen angebaut. Die frühe Geschichte ist nicht ganz geklärt, Wissenschaftler zählen sie nicht zu den Urkulturpflanzen, aber Heinrich Eduard Jacob, der Autor des Standardwerks „6000 Jahre Brot", vermutet, dass Hirse die älteste Getreidesorte des Menschen ist: „Der älteste Bruder dürfte wahrscheinlich ‚Vater Hirse' gewesen sein, der lange vor der Erfindung des Pfluges die Menschen und ihre Götter ernährte."

Im Alpenraum wurde die Kolbenhirse *(lat. setaria italica)* im Frühjahr ausgesät, nach der Weizenernte baute man Rispenhirse *(lat. panicum miliaceum)* an. Beide gehören in die Familie der Süßgräser. Wie die Namen verraten, bildet die Kolbenhirse Scheinähren – sie wird heute als Vogelfutter angeboten –, während die Rispenhirse, auch Gemeine Hirse genannt, Rispen mit fast runden Körnern trägt. Der Name „Brein", der in verschiedenen österreichischen Regionen noch gebräuchlich ist, zeugt davon, dass Hirse ein Breigericht war, zum Brotbacken eignet sie sich nicht.

Hirse stellt geringe Ansprüche an den Boden, aber sie fordert den Menschen: Viele Arbeitsschritte sind nötig, um den harten Kern aus der Kieselschale zu lösen: dreschen, dörren, reiben oder stampfen. Kein Wunder, dass die Kartoffel die Hirse verdrängte, ist sie doch viel einfacher zu ernten und zu verarbeiten. Den hohen ernährungsphysiologischen Wert des Getreides können Erdäpfel allerdings nicht bieten.

Wer ins Schlaraffenland will, muss sich durch einen Berg von Hirsebrei essen.

Mais

»→ Als Kolumbus sich 1492 aufmachte, um den Seeweg nach Indien zu finden, ging es um Gewürze, damals teure, begehrte Handelsgüter. Gewürze fand er nicht in der Neuen Welt, aber die Schiffe der Spanier brachten in den folgenden Jahrzehnten andere landwirtschaftliche Produkte in die Alte Welt, die die Landwirtschaft und die Ernährung der Europäer revolutionierten. Nachdem die Kartoffel, anfangs misstrauisch beäugt und in den Gärten als Zierpflanze gehegt, ihren Siegeszug angetreten hatte, wurde sie zum Hauptnahrungsmittel und nahm damit die Stellung ein, die das Getreide über Jahrtausende innehatte.

Auch der Mais kommt aus Amerika. Kolumbus erwähnt ihn 1492 in seinem Tagebuch und berichtet, dass er „wohlschmeckend" sei und alle Menschen in diesem Land ernähre. Die Europäer, an Weizen, Roggen, Hafer und Gerste gewohnt, teilten sein Urteil nicht und mutmaßten, dass Kolumbus das Prädikat „ange-

Mais, der Zuwanderer aus der Neuen Welt, wurde zum wichtigsten Getreide im Osmanischen Reich und heißt noch heute „Türken".

nehm“ nur deshalb wählte, weil er nach der Überfahrt halbverhungert war. Aus den Berichten der Spanier wusste man aber auch, dass Mais denkbar leicht anzubauen ist – man braucht keinen Pflug und damit auch keine Zugtiere. Zudem ist er nach drei Monaten erntereif. Und: Aus den Berichten der Konquistadoren ging hervor, dass in der Neuen Welt niemand hungerte – anders als in Europa zu dieser Zeit.

Dies brachte die Venezianer auf den Plan. Während die anderen Mais allenfalls als Viehfutter sahen, erkannten sie als kluge Kaufleute das Potential des Getreides. Um 1500 kauften sie den Spaniern eine Ladung Mais ab, schifften sie nach Kreta und errichteten dort Maisplantagen. Wie erwartet interessierten sich vor allem die Türken für das neue Produkt, binnen weniger Jahre wurde Mais zum nationalen Getreide im Osmanischen Reich. Als er nur wenige Jahrzehnte später über Italien wieder in den Mittelmeerraum gelangte, war vergessen, wo der Mais herkam, man nannte ihn „Türkisches Korn“. Der Name „Türken“ oder „Tirggen“ findet sich noch heute in verschiedenen Regionen Österreichs. So gibt es zum Beispiel in der Steiermark den Türkensterz, ein Breigericht aus Wasser, Maismehl und Salz, das in Schmalz herausgebraten wird.

Der Mais *(lat. zea mays)* ist der Riese unter den Getreiden, er erreicht eine Höhe von 2,50 Metern. Mais ist das einzige Gras der Gattung *zea,* er ist nur in seiner domestizierten Form bekannt. Da keine Wildform vorhanden ist, schließen manche Wissenschaftler, dass die Mayas Mais durch Kreuzung verschiedener Pflanzen gezüchtet haben.

Mais enthält keinen Kleber, ist also zum Brotbacken ungeeignet. Früher wurde Maismehl oder -grieß zum Strecken von Weizenmehl verwendet und gelangte so auch in den Brotteig. Auch heute wird er als Brotzutat beigemischt.

Roggen

»→ Das Wort „Korn“ steht in Altbayern und Österreich synonym für Roggen. Damit wird zum Ausdruck gebracht, wie bedeutend dieses Getreide für die Regionen war und wie sehr die Menschen es schätzten. In Amerika lässt sich Ähnliches beobachten. Dort trägt der Mais, den die Briten „maize“ nennen, den Namen „corn“. Auch er war bis zur Besiedlung des Mittleren Westens das Hauptgetreide der Einheimischen wie der Zugewanderten. Nach dem Zweiten Weltkrieg, als die Besiegten von den Siegern Hilfeleistungen erhielten, führte das zu Missverständnissen: Man bat um Korn, und die Amerikaner schickten Mais.

Roggen wird erst seit relativ kurzer Zeit als Kulturpflanze angebaut (1800 bis 1000 v. Chr.). Für die Germanen, Slawen und Kelten war er ein wichtiges Brotgetreide, die Römer rümpften die Nase: „Roggen ist minderwertiges Zeug und nur zur Stillung des Hungers gut. Seine Ähre ist zwar körnerreich und ausgezeichnet durch ihr Gewicht, aber sein Mehl ist widerlich wegen seiner dunklen Farbe. Es wird ihm Speltweizen beigemischt, um seinen bitteren Geschmack zu mildern, doch bleibt es dem Magen unangenehm“, schrieb Plinius im 1. Jahrhundert. Auch im 19. Jahrhundert wurde der Roggen wegen seiner Farbe diskriminiert. Denn auch hier galt: Wer es sich leisten kann, isst Weißbrot.

Die unteren Schichten wussten, was sie an ihrem Roggen hatten. Er ist anspruchslos und kann auch dort angebaut werden, wo Weizen nicht gedeiht. Zum Beispiel im Gebirge: Roggen wächst auch in Höhenlagen von 1.400 Metern, in der Schweiz steigt er sogar noch höher hinauf. Roggenbrot ist haltbarer als Produkte aus Weizen, für Bäuerinnen, die oft nur alle zwei Wochen den Backofen anheizten, ein großer Vorteil.

Roggen *(lat. secale)* ist ein Süßgras, von dem fünf Arten bekannt sind. Die wichtigste *(lat. secale cereale)* wird zwischen dem 50. und dem 65. nördlichen Breitengrad angebaut. Da Roggen ein Windbestäuber ist, wird die Reinhaltung einer Sorte sehr erschwert. Roggen ist winterfest und wird in der konventionellen Landwirtschaft hauptsächlich als Winterroggen angebaut, der höhere Erträge bringt als der eiweißreichere Sommerroggen.

Roggen ist besonders anfällig für Mutterkorn; der Genuss befallenen Getreides führt zu Vergiftungen, die mit dem Tod enden können. Befallene Ähren kann man mit bloßem Auge von gesunden unterscheiden, zu großen, epidemieartigen Erkrankungen kam es früher zu Zeiten von Hungersnöten, als man es sich nicht leisten konnte, Getreide zu vernichten.

In unseren Breiten wurde Roggen erst in den letzten Jahrzehnten mit dem neu aufkommenden Gesundheitsbewusstsein „salonfähig". Roggen enthält zwar etwas weniger Protein als Weizen, aber in der biologischen Wertigkeit rangiert Roggeneiweiß höher.

Roggenvollkornbrot ist reicher an Natrium, Kalium und Eisen als Weizenvollkornbrot. Reines Roggenbrot zeichnet sich durch sein Aroma aus und hat einen etwas säuerlichen Geschmack. Obwohl der Kleberanteil in Roggen sehr gering ist, besitzt Roggenmehl doch ausgezeichnete Backeigenschaften.

Roggenprodukte erleben seit ein paar Jahrzehnten eine Renaissance, vor allem Bio-Bäcker schätzen das gesunde und schmackhafte Getreide.

Weizen

»→ Diverse Sagen aus dem Alpenraum erzählen folgende Geschichte: Ein Mann ist unterwegs und sieht auf der Straße einen Haufen Weizenkörner liegen. Er bückt sich und steckt er so viele Körner wie möglich in seine Westentaschen. Die werden ihm schwer beim Weitergehen, er greift hinein: Die Körner haben sich in Silberstücke verwandelt. Noch deutlicher wird die Wertigkeit des Weizens in folgender Sage: Ein Mann geht über die Zamser Innbrücke, und da stehen drei Säcke. Der erste ist mit Weizen, der zweite mit Roggen und der dritte mit Gerste gefüllt. Der Mann nimmt von jedem ein Körnchen. Als er nach Hause kommt, findet er drei Münzen in seiner Tasche: ein Gold-, ein Silber- und ein Kupferstück.

Der Weizen wird zu Gold, denn er ist der König unter den Getreiden. Kapriziös und anspruchsvoll wie eine Diva verlangt er optimale klimatische Bedingungen während der Reife-, Entwicklungs- und Erntezeit, er mag's gern warm und gedeiht nur auf guten Böden. Sind seine Ansprüche erfüllt, liefert er das beste Backgetreide: hoher Kleberanteil, dazu noch vitamin-, mineral- und nährstoffreich.

Er enthält pro 100 Gramm 11,7 Gramm Eiweiß, überdurchschnittlich viel Mangan, Vitamin B1 und Vitamin B6. Der überwiegende Teil dieser wertvollen Stoffe liegt in der Randschicht des Korns, die bei der industriellen Verarbeitung abgeschält wird.

Neben der Gerste gehört Weizen zu den ältesten Getreidearten; die Arten Emmer und Einkorn wurden bereits in der Jungsteinzeit angebaut. Weizen *(lat. triticum)* ist ein Süßgras mit 18 Arten und über 1.000 Sorten. Nach der Ährenspindel unterscheidet man zwischen Spelzweizen (brüchige Ährenspindel) und Nacktweizen (zähe Ährenspindel). Zum Spelzweizen gehören Dinkel, Emmer und Einkorn. Der Saatweizen, der als Sommer- oder Winterweizen angebaut wird, gehört zu den Nacktweizen.

Weizenmehl war früher ein Luxusgut, das in den Backstuben der Bauern kaum Verwendung fand. Nur zu besonderen Gelegenheiten – wie zum Beispiel im Brauchtumsgebäck (Osterbrot, Allerheiligenstriezel) – wurde Weißmehl verbacken. So bekamen Wöchnerinnen von den Taufpaten Brote oder besonders geformtes Gebäck aus Weizenmehl geschenkt. Dies zeigte nicht nur die Wertschätzung, die man der Mutter entgegenbrachte, es hatte auch ernährungsphysiologische Gründe: Wenn das Vollkorn verarbeitet wird, bleiben die Vitamine, Mineralien und Nährstoffe erhalten, die Wöchnerin konnte sich stärken.

Weizen ist heute die Hauptkulturart in Österreich. Das „Qualitätsweizengebiet“ liegt im mittleren und östlichen Niederösterreich sowie im nördlichen und mittleren Burgenland. Das Klima (pannonisches Klimagebiet) wie die Qualität der Böden wirken sich positiv auf die Qualität des Weizens aus, die Bäcker schätzen ihn wegen seiner guten Backeigenschaften.

Schon in der Antike schätzten die Menschen Brot und Gebäck aus Weißmehl mehr als Produkte aus dunklem Roggenmehl.

Vermahlung und Mehltypen

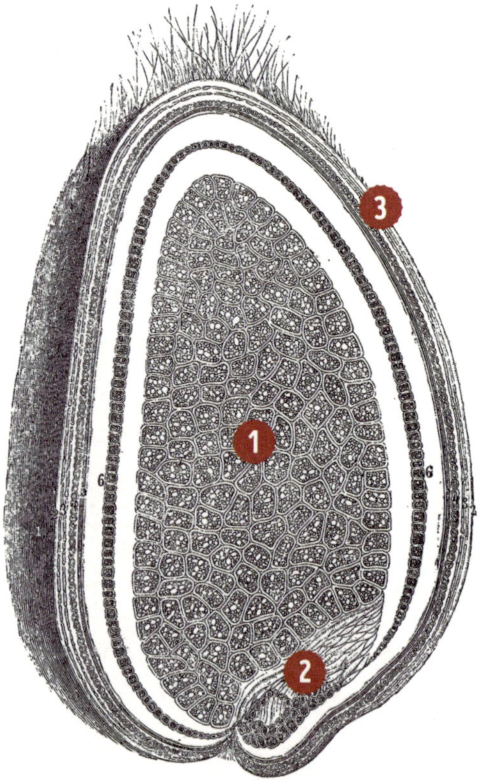

Ein Getreidekorn besteht aus Mehlkörper[1], Getreidekeimling[2] und Schale[3].

Das erste fertige Mehl aus dem Mahlprozess stammt aus dem Randbereich des Korns und hat einen hohen Proteingehalt.

Beim Mahlprozess wird je nach Verfahren in 3 bis 18 Stufen gemahlen und gesiebt. Bei jedem Durchgang entstehen grobe, mittlere und feine Grieße.

Im Innersten des weißen Kerns enthält es viel Stärke und wenig Protein (etwa 5 bis 6 Prozent). Je weiter man nach außen kommt, desto höher wird der Protein- oder Eiweißgehalt (zwischen 12 und 15 Prozent).

Mehl aus dem Kernbereich enthält mehr Stärke.

Fein oder gröber vermahlen, mit mehr oder weniger Schalenanteil: Die unterschiedlichen Mehltypen zeigen sich besonders deutlich, wenn das Mehl mit Wasser befeuchtet oder vermischt wird.

Glatt oder griffig? Cake or bread?

Der Begriff „die Mehltype" oder einfach nur „die Type" entstammt der Fachsprache der Müller und Bäcker. Sie bezeichnet den Mineralstoffgehalt und die Farbe des Mehles. Zur Typisierung von Mahlerzeugnissen aus Weizen, Roggen und Dinkel gilt in Deutschland seit 1992 die DIN-Norm 10355. Vollkornprodukte sind nicht typisiert.

Zur Typbestimmung wird unter Laborbedingungen eine geringe Menge des Mehles bei 900 Grad Celsius im Muffelofen verbrannt. Die verbleibenden (nicht brennbaren) Bestandteile entsprechen im Wesentlichen der Mineralstoffmenge des Mehles. Sie werden auch als „Aschegehalt des Mehles" bezeichnet. Werden z. B. 10 Gramm Mehl verbrannt, und es bleiben 0,55 Prozent Asche übrig, dann ist das ein Mehl der Type 550, bei 0,7 Prozent wäre es Type 700.

Niedrige Mehltypen haben einen geringen Mineralstoffgehalt und sind sehr hell.

Hohe Typen sind sehr dunkel und reich an Mineralstoffen.

Niedrige Mehltypen sind – mit geringem Mineralstoffgehalt – sehr hell, hohe Typen sehr dunkel und reich an Mineralstoffen.

In der Schweiz wird die DIN-Typisierung offiziell nicht angewendet. Es wird zwischen verschiedenen Ausmahlgraden unterschieden, die anhand des Mineralstoffgehaltes definiert werden: Weissmehl, Halbweissmehl, Ruchmehl oder Vollkornmehl.

In England wird Mehl mit hohem Proteingehalt als Bäckermehl „breadflour" bezeichnet (entspricht etwa Type 650–750 in Österreich), das Mehl für den Hausgebrauch heißt „cakeflour" (in Österreich Type 450–600).

In Österreich ist die DIN-Typisierung nicht gültig, die Mehlsorten werden anders bezeichnet. Darüber hinaus werden Mehle nach ansteigender Korngröße in glatt, universal, griffig oder doppelgriffig eingeteilt.

Glattes Mehl fällt dabei durch ein Sieb mit einer lichten Maschenweite von 200 Mikron (My), bei griffigem Mehl sind die Maschen 200–300 My groß. Glattes Mehl entsteht zudem hauptsächlich beim ersten Mahlvorgang, stammt eher aus den Randschichten des Korns und enthält viel Protein. Es ist sehr elastisch und geht gut auf – optimal für Brot, Strudelteig oder Striezel. Griffiges Mehl ist weniger fein vermahlen und enthält weniger Proteine, daher wird es gerne für Teige eingesetzt, die quellen sollen (Nockerln, Knödel etc.) Universalmehl ist eine Mischung aus beiden Mehlsorten und, wie der Name schon sagt, vielfältig einsetzbar. Das doppelgriffige Mehl ist noch gröber vermahlen, bindet Flüssigkeit daher noch besser.

MEHLTYPEN UND IHRE EIGNUNG

1 WEIZEN

Österreich Type 480 (Deutschland 405)
ideales Haushaltsmehl für Kuchen und Torten

Österreich Type W 700 (Deutschland 550)
Backmehl für helles Brot und gut zum Mischen mit Roggen- oder Dinkelmehl

Österreich Type W 1600 (Deutschland 1050)
Brotmehl für Vollkorn, Mischbrote und Kekse

2 ROGGEN

Österreich Type R 500 (Deutschland 815)
feines Vorschussmehl für helles Roggenbrot

Österreich Type R 960 (Deutschland 997)
für herzhaftes Roggenmischbrot oder Lebkuchen

Österreich Type R 1200 (Deutschland 1150)
dunkles, aromatisches Roggenbrot

3 DINKEL

Österreich Type D 700 (Deutschland 630)
feine Körnung, wie glattes Weizenmehl

Österreich Type D 1600 (Deutschland 1050)
dunkleres Dinkelmehl für Brot, Vollkorn für Vollkornmehlspeisen

„Ich lasse Getreide wachsen – bloß in anderer Form."

ES GIBT SIE.

Bäcker, die ihre ganze Seele in ihre Arbeit legen.

Und ob Sie's glauben oder nicht: Das kann man in dem Brot, das sie backen, schmecken.

Der Meister sitzt ausnahmsweise im Büro. Und sinniert. Er ist gerade dabei, ein neues Produkt zu entwickeln und macht sich so seine Gedanken dazu. Und deshalb denkt er gerade mit dem Notizblock in Händen über Themen wie Anlieferung, Produktionsablauf oder Einkauf nach. Das Arbeitsgerät, an dem er eigentlich tagein, tagaus daheim ist, das steht ein Stück weiter in der Backstube: der Bäckertisch. Und an dem ist er so richtig in seinem Element.

Fritz Potocnik ist Bäckermeister. Einer mit Leib und Seele, wie man so schön sagt. Aber auch mit Hand, Herz und Hirn. Mit der Lebenserfahrung heftiger Niederlagen ebenso wie schöner Erfolge, mit unverbesserlicher Neugier und obendrauf noch mit einer Menge Freud an einer gut erzählten G'schicht.

WAS DAS MEHL WILL

Wenn er zu reden beginnt, wird's ruhig rundum. Nicht nur, weil die Stimme des Meisters weit trägt. Und sich dann so manche exakte Anweisung vernehmlich selbst über den monotonen Klang der Rührwerke oder das Surren der Luftgebläse der Backöfen erhebt. Auch weil er Geschichten erzählt, die man gerne hört. Selbst wenn sie fast wie aus einer anderen Welt klingen.

Geschichten von seiner Lehrzeit etwa, geprägt durch gestrenge Hierarchien und alte Lehrmeister mit großem Durst sowie ebensolchem Fachwissen. Vom Teigmischen in den alten „Multas", wo gut 150 Kilo Mehl allein mit Kraft der Hände durchgearbeitet werden wollten. Von 16-Stunden-Arbeitstagen, die spätabends noch mit dem Schaufeln der Kohle für die

Öfen endeten. Oder vom G'spür, das es braucht, um zu sehen, was das Mehl einem sagen will. Immer aber sind es auch Geschichten von der großen Begeisterung für das, was er tut: Brot backen. Nicht mehr und nicht weniger.

„Ich wollt einfach Bäcker werden", hält er dazu schlicht fest, „obwohl das in meiner Jugend kein Beruf mit hohem Ansehen war." Das heimische Zementwerk – geboren wurde der Fritz in der Südsteiermark, später hat er viele Jahre in Kärnten gelebt – hätte ihn unbedingt als Chemielaboranten haben wollen. Aber er hat sich gegen den Wunsch des Vaters, dieses Angebot anzunehmen, durchgesetzt und eine Bäckerlehre begonnen.

Daneben knetet der Fritz fürs Foto Sauerteig mit den Händen – er nennt es Streichen, und es schaut fast ein wenig wie Streicheln aus – und lässt ein Stück Teig auf dem Backtisch entstehen, das von unglaublicher Ebenmäßigkeit und Form ist. Die Zutaten mischen sich erst grob zusammen, werden auf dem Tisch von einer Seite zur anderen gestrichen, gewalkt, mit den Händen geschoben. Langsam wird die Masse homogener und mit jedem Falten, Drehen und erneuten Wirken geschmeidiger. In Rekordzeit ist der Teiglaib – wie soll man es anders sagen – einfach perfekt. „Hast das g'seh'n?", fragt der Meister dann mit ordentlichem Schulterklopfen einen Mitarbeiter, der zufällig vorbeikommt, „so geht das!"

Seit über 45 Jahren ist der Fritz Bäckermeister. Er hat Erfolgsprojekte aus der Taufe gehoben, Betriebe beraten, sie auf- und zuweilen auch zugesperrt. Und vor allem hat er über all die Jahre eines gemacht: Brot gebacken „wie früher". Seit zwei Jahren heißt seine Firma „BROTocnik" –, „weil Brot einfach mein Leben ist". Gute Teamarbeit ist dem Chef dabei wichtig, denn ohne die geht's nicht. Sein Betrieb produziert hochwertige Backwaren – und das auch, wenn der Boss einmal nicht da ist: „Es kann schon sein, dass ich das eine oder andere in meinem Leben gelernt hab, und mir ein bestimmtes Wissen erarbeitet hab", sagt er dazu, „aber ohne dein Team bist du gar nix."
Seine Kundschaft reist zuweilen auch schon einmal 80 Kilometer an, um die Brote zu ergattern. Und er beliefert große Top-Gastronomen ebenso wie kleine Bio-Greißler. Höchstpersönlich steht der Chef auch zweimal im Monat hinter der Budel, nämlich immer dann, wenn im nahen Horn der Slow Food „Markt der Erde" abgehalten wird.

VON DER ALTEN ART

„Es ist nichts Besonderes", sagt der dann gerne. „Meine Art der Bäckerei ist eine sehr alte." Aber vermutlich ist das gerade das Außergewöhnliche daran. Ein Brot wie zu Großmutters Zeiten: Mehl, Wasser, Salz, Gewürze, Sauerteig, dann und wann Hefe, und die Zutaten samt und sonders unbehandelt sowie naturbelassen. Dass der Fritz darüber hinaus ausschließlich Bio-Produkte verwendet, hat ebenfalls so seine Geschichte. Sie hat (auch) mit seinem Nachbarn zu tun, einem Waldviertler Bauern, der ihm Respekt und Achtsamkeit der Natur gegenüber so sehr vermittelt hat, dass der Fritz heute eigentlich keinen anderen Weg mehr gehen will.

Womit wir bei einem Thema angekommen wären, das tatsächlich die Basis des Ganzen darstellt: Getreide und Mehl. Letzteres ist eindeutig und stets Chefsache. Dinkel und Weizen, Roggen, Buchweizen oder Gerste werden in der Backstube verarbeitet und kommt eine neue Lieferung im Betrieb an, dann ist einmal der Chef an der Reihe. Jede Charge wird anfangs von ihm persönlich getestet und dann gleicht er die Rezepturen entsprechend an. Mehl ist ein lebendiges Produkt, das immer anders reagiert, und darauf nimmt der Bäckermeister Rücksicht. Wie das geht? „Ich seh das", sagt er und schmunzelt.

„Mehl", stellt er fest, als wäre es das einfachste der Welt, „ist ein toller Partner, der mir sagt, was ich tun soll." Wie viel Wasser es braucht, um sich optimal

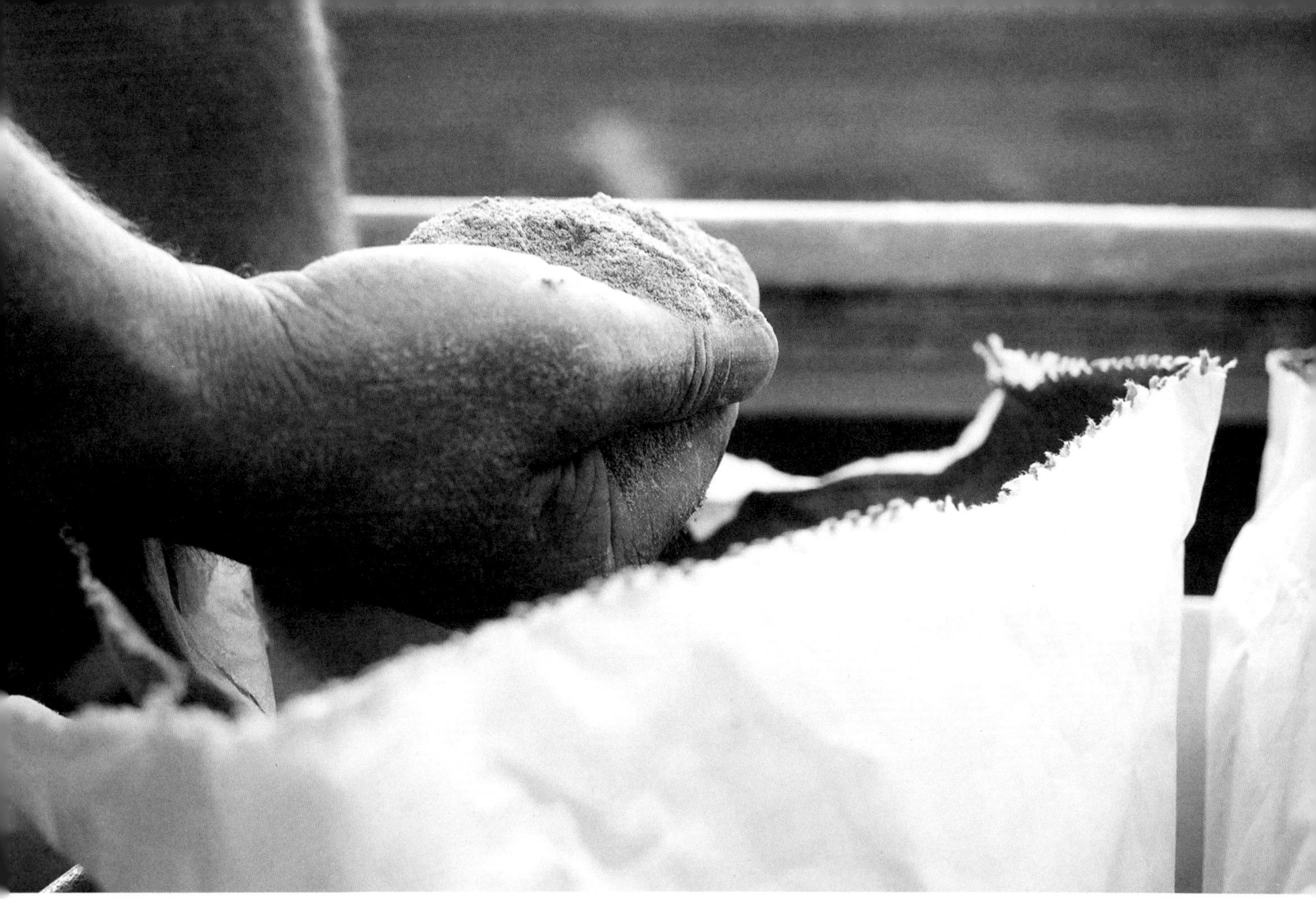

zu einem geschmeidigen Teig zu verbinden, wie viel Knetzeit, wie viel Ruhe. Und nebenbei bemerkt er: „Zeit ist ein ganz entscheidender Faktor in meinem Beruf: Das Mehl muss lagern, aber auch der Teig muss ruhen. Der Kleber baut sich auf und bildet das Gerüst. Dann muss der Teig sich entspannen und reifen. Der Vorteig bringt die Essenzen, aber die sollen ja im Gesamtteig expandieren."

Fritz Potocnik nimmt dazu nur Mehl, das bereits mehrere Wochen Zeit hatte, nach dem Vermahlen abzuliegen. Das sei auch immer schon eine alte Bäckerweisheit gewesen: Mehl komme nach vier Wochen zur Ruhe. Und so ist es tatsächlich: „Man muss sich das nur vorstellen", sagt er, „beim Mahlen wird's gequetscht, geschleudert und gestresst, und danach geht erst einmal gar nichts. Ich hätt da auch keinen Kopf für irgendwas", scherzt er dazu. Frisch vermahlenes Mehl nimmt auch etwa 30 Prozent weniger Wasser auf, und Flüssigkeit ist für den Teig ganz entscheidend. Das Wasser bewirkt, dass der Teig beim Backen aufgeht. Ist es zu wenig, wird das Brot zu fest. Also darf das Mehl beim Fritz ruhen und sich entspannen. Bis es bereit ist, zu Brot zu werden.

Wenn der Fritz über Brot redet, dann hat man das Gefühl, dass er am liebsten alle anstecken möchte. Mit seiner Begeisterung fürs Mehl, fürs Backen und fürs Arbeiten mit einem lebendigen Material. Gern und bereitwillig gibt der Meister sein Wissen übrigens auch weiter und und hält in Kooperation mit der „Ersten Waldviertler Bio-Backschule" Workshops und Kurse für Wissbegierige. Und dann stehen Profis und Anfänger, Hausmänner oder Bio-Bäuerinnen,

Der Teig wird portionsweise „ausgebrochen", dann gewogen (ganz rechts).

Ärzte, Anwältinnen, Kinder und Großeltern gemeinsam in der Backstube, legen tatkräftig Hand an und hören dem Meister gebannt zu.

„Weißt du, warum ich im Frühjahr und Herbst die meiste Arbeit hab?", fragt er etwa und setzt die Antwort gleich hinterher. „Getreide will um diese Jahreszeit keimen! Das ist sein genetisches Programm, selbst wenn es dann bereits zu Mehl vermahlen ist. Es weiß ja nicht, dass es kein Körndl mehr ist!" Und dann lassen sich die Wecken und Semmerln eben schwerer dazu überreden, die richtige Form anzunehmen. Es sei denn, man hört ihnen zu beziehungsweise versteht, was das Mehl denn so will.

Und so ungewohnt das in den Ohren klingen mag, man glaubt es gerne. Ebenso wenn er erläutert, wozu das Kneten wichtig ist. „Das bringt Energie in den Teig! Und das ist jetzt nix Esoterisches, es ist die Wahrheit." Dieser Schritt folgt nach dem ersten Mischen oder Verrühren der Zutaten. Es braucht Zeit und Erfahrung, um es gut hinzukriegen.

Und der wichtigste Rat für alle, die sich selbst daran versuchen wollen, ist: nicht entmutigen lassen, probieren und wenn möglich einem Könner zuschauen. Auch das Hausbrot vergangener Tage war vermutlich nicht von heute auf morgen perfekt und brauchte Zeit sowie Anleitung. Bis die junge Bäuerin das Handwerk von der Mutter gelernt hatte, um es später an die eigenen Kinder weiterzugeben.

DAS HERZ DER BACKSTUBE

Effizienz, gute Auslastung und keine Verschwendung – das ist dem Fritz auch noch wichtig in seiner Backstube. Und während in den Knetmaschinen soeben der Mischprozess für den Waldviertler-Teig beginnt, entsteht daneben die Basis fürs Kartoffelbrot. „Das ist wie Erdäpfelpüree, nur der Zwiebel fehlt", scherzt eine Mitarbeiterin. Später wird noch süßer Briocheteig verarbeitet und gemeinsam mit seinen Mitarbeitern formt der Fritz dann Striezel, Reindling oder Zuckerreingerl. An den Brotbacköfen geht es ebenfalls hoch her. Mannshoch ist der eine mit Gebäck gefüllt, die Hitze aus dem Inneren dringt spürbar nach außen in die Backstube. Am anderen Ofen stehen Florian und Reini und schießen mit geübter Hand Brotlaibe ein, wie das in der Fachsprache heißt. Einer nach dem anderen wird dazu zuerst aus den Körben – im „Simperl" durften sie noch einmal ruhen – gekippt, dann geht es ruckzuck in den Ofen. „Simperln bitte wegräumen", schallt es dann durch den Raum und schon beginnt wieder ein neuer Arbeitsschritt.

Unter dem Backtisch schlägt so etwas wie das Herz der Backstube – der Sauerteig, „Ura" genannt. Alle paar Wochen setzt der Chef ihn neu an, damit er lebendig bleibt und kraftvoll. Beim „Ura Anstellen" wird höchst konzentriert und mit größter Sorgfalt gearbeitet. Im Mehl-Wasser-Joghurt-Gemisch sollen sich schließlich nur erwünschte Bakterien und Pilze festsetzen und vermehren. Jede Verunreinigung ist gefährlich und kann den Ansatz komplett verderben. Auch hier misst der Meister, rechnet – und beobachtet. „Man mischt, man bäckt, und man sieht das Ergebnis. Das ist entweder toll, dann ist das natürlich ein gutes Gefühl. Oder man sucht, was man noch besser machen kann."

In der Bäckerei BROTocnik werden auch sämtliche Brote zweimal gebacken. Und das lässt sich ebenfalls auf Tradition zurückführen. Früher haben die Bäcker Brot sehr viel länger als heute gebacken. Dadurch ist die Krume sehr gut durchgebacken worden. Allerdings war auch die Kruste um einiges dicker – und schwerer zu verzehren oder zu kauen, was heute niemand mehr gewohnt wäre. Der Trick von Meister Potocnik, um beides zu erreichen – eine gut durchgebackene, lockere Krume und knusprige, aber nicht zu dicke Rinde – funktioniert folgendermaßen: Beim ersten Backdurchgang wird das Brot komplett durchgebacken, ist quasi fertig. Dann darf es noch einmal rasten, wobei sich die noch enthaltene Feuchtigkeit wieder im Brot verteilt. Beim zweiten Durchgang schließlich ist die Rinde bereits dicht, und das Brot nimmt nur das vorhandene Wasser aus dem Inneren auf.

Auch das Verwenden von Röstbrot ist so etwas wie ein Geheimtipp und gleichzeitig alte Technik. Dazu werden übrig gebliebene Brote aus der Backstube geröstet, mit Wasser gemixt und wieder in den Teig gemischt. „Ich arbeite gerne nachhaltig", erklärt der Fritz den Vorgang. Und erzielt nebenbei den Effekt, dass der Geschmack eines knusprig gebackenen Brotes schon von Anfang an im Teig enthalten ist.

„Ich habe meine Techniken und Teige durch Ausprobieren, Hinschauen und Hinfühlen entwickelt, weil ich Produkte will, in denen sich der Geschmack entfalten kann", sagt der Meister dazu und ergänzt: „Ich lass' das Getreide wachsen – bloß in anderer Form, zu Brot."

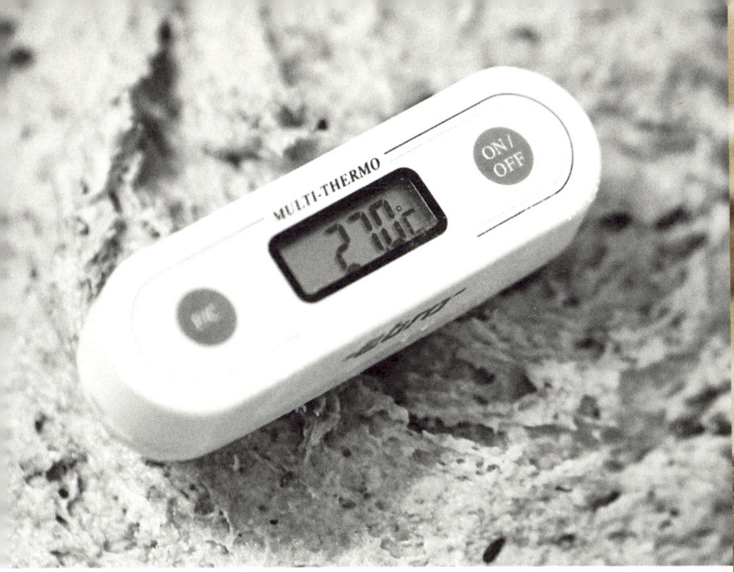

Oben: Die Temperatur des Sauerteigs wird überprüft: 27 Grad Celsius sind optimal.

Das genügsame Korn aus dem Wald

Im niederösterreichischen Waldviertel wird in den letzten Jahren ein spezieller Roggentyp, das Waldstaudekorn oder der Johannisroggen, wieder vermehrt angebaut – sehr zur Freude mancher Bäcker und aller Freunde eines aromatischen Sauerteigbrotes.

Das kleine Korn mit dem intensiven Geschmack ist so etwas wie der Inbegriff einer traditionell genutzten Getreidesorte. Es erfüllt viele Ansprüche gleichzeitig, ist robust, selbst für karge Böden bestens geeignet und Viehfutter wie Brotgetreide in einem. Waldstaudekorn war früher in ganz Mitteleuropa verbreitet. Das Getreide wurde in Österreichs waldreichen Regionen nördlich der Donau ebenso angebaut wie in Polen, der Slowakei oder Deutschland. Seinen Zweitnamen „Johannisroggen" trägt es, da es meist rund um Johanni, den 24. Juni, ausgesät wurde.

Die Geschichte dieser Roggensorte reicht speziell in den österreichischen Regionen Wald-, Wein- und Mühlviertel bis in urgeschichtliche Zeiten zurück. Waldstaudekorn war vermutlich schon in prähistorischen Zeiten ein Musterbeispiel effizient genutzter landwirtschaftlicher Flächen. Genügsam und pflegeleicht wurde es nach den Brandrodungen auf kleinen Lichtungen ausgesät, um das mühsam eroberte Land von neuerlichem Strauch- und Baumbewuchs freizuhalten. Mit den rauen Bedingungen, die es dort vorfand, kam es bestens zurecht. Es stellte wenig Anforderung an den Boden, und seine bis zu drei Meter langen Halme schafften es auch an exponierten Stellen bis ans Licht.

Im ersten Jahr wurde es als Futtergetreide genutzt und entweder abgemäht oder gleich direkt vom Vieh abgeweidet. Das regt die „Bestockung" an, wie die Fachleute sagen. Die Pflanze bildet dabei sehr viele kleine Seitentriebe im Boden, die im nächsten Frühjahr zeitig Ähren tragen. Im zweiten Jahr wurde das Korn geschnitten, ausgedroschen und zu Mehl vermahlen. Die langen Halme lieferten darüber hinaus ausgezeichnetes Stroh für das Vieh. Allein der Ertrag war (und ist) verhältnismäßig bescheiden, und

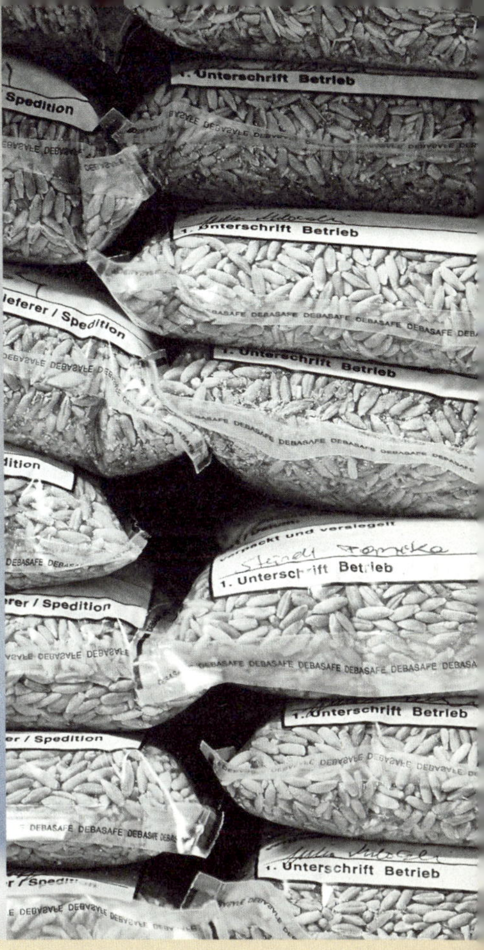

Kleines Korn mit großer Kraft: Das Verhältnis von Schale zu Mehlkörper macht Waldstaudekorn zu einem besonders gesunden Getreide.

so verschwand das Waldstaudekorn mehr und mehr von der Ackerfläche.

Johannisroggen gilt heute als vom Aussterben bedroht und ist auch an Bord der „Arche des Geschmacks“ der internationalen Slow-Food-Vereinigung. Diese weltweite Sammlung von seltenen Obst-, Gemüse- oder Nutztierarten stellt so etwas wie unser Weltkulturerbe des Essens dar.

Seit 2009 setzt sich vor allem eine Gruppe von biodynamisch arbeitenden Landwirten rund um Horn im Waldviertel wieder sehr für die Auspflanzung der alten Getreidesorte ein. Das Waldstaudekorn wird dabei unter anderem auch geschliffen und lässt sich dadurch wie Reis verwenden. Ein süßer Apfel-Reisauflauf aus Waldstaudekorn? Ein feinwürziges Gedicht!

Mehl aus Johannisroggen wird ebenfalls wieder vermehrt verwendet. Bäckermeister Fritz Potocnik aus Vitis etwa entwickelte zusammen mit den Landwirten der Region ein spezielles Brot (siehe Rezepte S. 177). Einsetzen lässt sich Waldstaudemehl darüber hinaus überall dort, wo Roggen passt: vom Lebkuchen bis zum Sauerteigbrot und auch für Nudelteige. Küchenchef und Kochlehrer Johann Reisinger etwa erfand „Waldviertler Dim Sum“ mit Waldstaudehülle, Selleriefülle und Salbeibutter.

Gesundheitlich birgt das kleine Korn ebenfalls viele Vorteile. Das ungewöhnliche Verhältnis von Schale zu Mehlkörper macht es zu einem ausgesprochen wertvollen Getreide, das über viele Vital- und Mineralstoffe verfügt.

Das Korn, das aus dem Wald kam: Johannisroggen oder Waldstaudekorn zeichnet sich durch besonders lange Halme aus.

Vom Getreide zum Mehl

Das Korn ist die Basis. Will man daraus gutes, wertvolles Mehl herstellen, ist die Rückbesinnung auf G'spür und Tradition ebenso wichtig wie Innovation oder exakte Arbeit im Labor.

Müllerin Lisa rauscht energiegeladen und strahlend lächelnd ins Zimmer: „Hallo! Und sorry ... Darf ich kurz stören?" Sie wendet sich an Seniorchef Peter: „Schau mal, die Amylogramme sind jetzt da", wedelt sie mit einigen A4-Blättern und zeigt ihm die soeben eingetroffenen Ergebnisse aus einem externen Labor.

Kurz und konzentriert gehen Vater und Tochter die Werte, die über den Zustand der Stärke im Getreidekorn Aufschluss geben, durch. „Naja, nicht umwerfend", kommentiert der Senior. Lisa blickt über seine Schulter aufs Papier. „Ich hab's gesehen", nickt sie mit ernster gewordener Miene zustimmend. Spricht's, lächelt wieder und ist auch schon weg.

Es herrscht der ganz normale Mühlenalltag während der Hochsaison Erntezeit: Getreideübernahme, Fallzahlanalyse, Musterstechen, Arbeiten im hauseigenen Labor und vieles andere steht in diesen Tagen mehr oder weniger gleichzeitig auf dem Programm.

Wir sind in Raabs an der Thaya zu Gast, einer Stadtgemeinde mit etwa 2.700 Einwohnern. Mitten drin im Waldviertel gelegen, einer sehr ruhigen und ebenso naturbelassenen Region Österreichs. Hier gibt es unter anderem eine bemerkenswert hohe Dichte an Bio-Bauern, hier gedeiht auch das Brotgetreide Roggen seit Jahrhunderten aufs Allerbeste.

Die Familie Dyk betreibt in fünfter Generation die „Erste Raabser Walzmühle". Man kauft und verarbeitet Roggen – etwa die besondere alte Sorte Waldstaudekorn – ebenso wie Weizen, Dinkel oder Hafer. Produziert wird Vollkornmehl sowie weißes Mehl der verschiedensten Mahlgrade und Typen.

Die stolzen Silos mit ihren verschiedenen inneren Abteilungen, den sogenannten Zellen, ragen auf dem Mühlengelände in den Waldviertler Himmel. Von ganz oben, sozusagen vom Silo-Dachboden aus, bieten sie übrigens einen wunderbaren Ausblick; über den Fluss mit seinen Wehranlagen, die mächtige Burg der Stadt und die Landschaft rundum.
Im Boden befinden sich Klappen zu den einzelnen Silozellen, darunter sind manche bereits randvoll mit Getreide gefüllt. „Bio Dinkel" oder „Demeter

Der oberste Stock des sogenannten Schälmühlentraktes der Waldviertler Dyk-Mühle: Hier wird Getreide gereinigt oder Dinkel entspelzt.

Waldstaude" steht dann sorgfältig angeschrieben. Eine noch leere Silozelle gewährt Aussicht in den Bauch der Lagerstätte: Gähnende Tiefe über etliche Stockwerke erwartet den Betrachter. Gerade vor kurzem, so erzählt die Müllerin und leuchtet mit einer Stablampe ins Innere, sei diese Silozelle generalgereinigt worden. Dazu seilen sich Mitarbeiter ab wie Bergsteiger, um alles gründlich zu putzen. Wohl nichts für Schwindelanfällige, denkt man unwillkürlich. Ein paar der Aufbewahrungstürme haben auch schon gut hundert Jahre auf dem Buckel, sie sind noch fast vollständig aus Holz gebaut. „Demeter-Landwirte lieben die besonders", schmunzelt Firmenchefin Lisa.

LAGERSTÄTTE FÜR JAHRE

Wird korrekt und sauber gearbeitet, kann Getreide bis zu mehreren Jahren in den Silos aufbewahrt werden. Das Getreide sollte dann den optimalen Feuchtigkeitsgehalt und die richtige Temperatur haben. Auch hier ist natürlich längst computergesteuerte Technik im Einsatz. Speziell unmittelbar nach der Ernte wird die Temperatur in den gefüllten Silos regelmäßig überwacht. Lisa Dyk: „Ich muss das immer im Blick haben. Steigt die Temperatur, kühlen wir mittels eingeblasener Luft ab." Ohne korrigierende Eingriffe könnte es sonst sein, dass das frische Lagergut zu gären oder im allerschlimmsten Ernstfall sogar zu brennen beginnt. Auch eventuelle Verunrei-

In der „Ersten Raabser Walzmühle" ist die Müllerei seit fünf Generationen daheim, tagtäglich dreht sich hier alles um Getreide und Mehl. Oben: Blick über den Silo-Dachboden, darunter lagert stockwerkehoch Getreide.

nigungen etwa durch Käfer – ein übler Fall für den Müller – zeigen sich durch leichten Temperaturanstieg. „Zum Glück kommt das selten vor, aber wenn so etwas passiert, müssen wir den Silo komplett leeren, das Korn noch einmal reinigen und sofort mahlen."

Die Worte Reinigung, Sauberkeit und Kontrolle haben generell eine äußerst hohe Priorität, wenn die Dyks von ihrer Arbeit erzählen. Und es ist eine lange Kette von Verarbeitungsschritten, in denen diese Begriffe eine Rolle spielen. Es sind viele verschiedene Prozesse, die ablaufen, um aus den Körnern, die Mutter Erde Jahr für Jahr wachsen und gedeihen lässt, feines Mehl zu erhalten. Die Arbeit des Müllers beginnt bei der Übernahme des Getreides von den Landwirten, geht über die Lagerkontrolle bis zur Mischung von Siloinhalten und endet mit den verschiedenen Mahl-, Sieb- und Sichtungsvorgängen im Herzen des Betriebs, den Mahlwerken der Mühle.

Die Familie Dyk – Mutter Lydia gehört ebenfalls mit zur Firma – hat sich bereits vor etlichen Jahren entschlossen, ausschließlich biologisches oder biodynamisch zertifiziertes Getreide zu verarbeiten. Das verarbeitete Mehl enthält auch keinerlei der in der Industrie verwendeten Zusätze und ist völlig natur-

Wird Korn angeliefert, muss es vor der Übernahme durch die Mühle genau untersucht werden. Unten rechts: Hektoliterwaage im Getreidelabor, unten links: ein Sack mit Bio-Roggenmalzquellmehl.

Die alten Holzsilo-Getreidezellen, die aus dem 19. Jahrhundert stammen, sind zum Glück noch erhalten. Mit der Rodel können die schweren Mehlsäcke einfacher transportiert werden.

belassen. Das Ausgangsprodukt Getreide wird direkt bei Landwirten der Region eingekauft, „das ist für unseren Betrieb enorm wichtig und ein großer Vorteil", wie Senior Peter erzählt. „Wir kennen unsere Produzenten, stehen in Kontakt mit ihnen und tauschen uns regelmäßig aus. Wir wissen, wie das Erntejahr läuft, was es für Probleme gibt oder ähnliches. Man ist monatelang intensiv mit der Rohware Getreide beschäftigt und kauft nicht bloß einmal im Jahr über einen anonymen Großhändler."

Peter Dyk ist gelernter Maschinenbauer und kennt die Müllerei von der Pike auf. In jungen Jahren arbeitete er unter anderem in großen Industriemühlen im südlichen Afrika. Er hat im Laufe der Jahre auch ein einzigartiges Mahlverfahren entwickelt: das patentierte „Dyk Flour Milling"-Verfahren (DFM), bei dem der sehr verderbanfällige Getreidekeimling nicht wie üblich abgetrennt, hitzestabilisiert und anschließend wieder beigefügt wird, sondern das gesamte Korn auf einmal vermahlen werden kann. Vitamine und Spurenelemente bleiben so erhalten und das sogar über einen langen Zeitraum. Studien haben gezeigt, dass etwa erst nach einem halben Jahr ein Abbau der Vitamine einsetzt, und selbst nach neun Monaten ist noch die Hälfte der wertvollen Inhaltsstoffe vorhanden.

Und weil wir gerade bei Innovationen sind: Auch sogenannte Containermühlen hat der Müllermeister erfunden. „Plug in and mill" – „Steck den Stecker an und mahle" – wird das System genannt, das aus kleinen, kompakten und vollständig in Raabs zusammengebauten Mühlenanlagen besteht, die nicht größer als ein oder zwei Sattelzüge sind und mittlerweile in die halbe Welt verkauft werden. Aber das ist eine andere Geschichte.

PROBEN, PFLANZEN, PLÄNE

Zurück ins Waldviertel. Je nach Erntejahr und Wetter beginnt die Hauptsaison in Raabs im Juni oder Juli. Nach dem Dreschen wird das Korn von den Landwirten angeliefert, dann ist als erstes die Waage an der Reihe. Danach werden von jeder Wagenladung Muster „gestochen", wie man diesen Vorgang nennt. Dazu bohrt Lisa Dyk mit einer langen, hohlen Stange, die sich mittels eines Drehmechanismus an mehreren Löchern öffnen lässt, an verschiedenen Stellen in die großen Getreideberge auf den Anhängern und nimmt Proben. Dieses Kornmuster ist ein perfektes Abbild der gesamten Ladung, wird anschließend in eigene kleinere Behälter gefüllt, beschriftet und in einem ersten Labordurchgang auch gleich überprüft. Sollte es notwendig sein, es später nochmals genauer analysieren zu lassen, wird darauf zurückgegriffen. Es lässt sich anhand dieser Proben auch nach Monaten noch nachverfolgen, von welchem Lieferanten welches Korn in welcher Qualität stammt.

Wird das Getreide nach der Erstanalyse für gesund und zum Ankaufen geeignet befunden, folgt nach dem Abladen der nächste Schritt: die Vorreinigung. Mittels Luftstrom und Siebmechanismen wird der „Besatz“ entfernt, wie die Fachleute sagen. Das sind etwa Strohreste, kleine Steine, andere Pflanzensamen, Insekten oder andere unerwünschte Bestandteile.

Danach wird das Getreide je nach Qualität in einzelne Silozellen gefüllt, wo es bis zur weiteren Verarbeitung lagert – in manchen Fällen jahrelang. Ein genauer Plan gibt dazu Auskunft, was, wo und seit wann gelagert ist.

Geht’s schließlich ans Mahlen, wird das Korn nochmals gereinigt. Und schließlich mit Wasser benetzt. Lisa Dyk: „‚Netz-Schälstufe 1‘ nennen wir das. Dabei werden die Körner befeuchtet und reiben sich gegenseitig die äußerste Schicht ab. Was einerseits nochmals eine Art Reinigung ist und andererseits das Getreide speziell auf den Mahlvorgang vorbereitet.“

Danach wird das Getreide in sogenannten Abstehzellen so aufbereitet, dass es einen Wassergehalt von rund 17 Prozent Feuchtigkeit hat. Peter Dyk: „Da löst sich die Hülle quasi schon leicht ab und der Mehlkörper wird von der Schale besser trennbar.“ Anschließend geht es in die „Netz-Schälstufe 2“ und dann sind die Körner bereit für die Mühle.

Hier kommt nun das Dyk’sche DFM-Spezialverfahren zum Einsatz und wird für alle Mehle vom dunklen Vollkorn bis zum feinsten weißen angewendet. Drei verschiedene Mahldurchgänge erzeugen dabei das jeweils gewünschte Mehl. Immer wieder laufen die Körner durch noch feinere Siebe und Stiftmahlwerke. Auch wird dabei die Kleie vom Mehl getrennt, und schließlich ist es da: Jenes feine Pulver, das uns seit Menschengedenken das Grundnahrungsmittel Nummer eins beschert: Brot.

DAS RICHTIGE VERHÄLTNIS

Die Kunst des Müllers besteht aber nicht nur in der richtigen Lagerung und sorgfältigen Vermahlung. Korn wird davor auch entsprechend gemischt. Und zwar so, dass es zu möglichst backtauglicher Mehlqualität verarbeitet werden kann. Liefert zum Beispiel eine Ernte aufgrund der Wetterverhältnisse in einem speziellen Jahr weniger hochwertiges Getreide, so kann man mit dem anderer Jahrgänge ausgleichen, um das gewünschte Endresultat zu verbessern. Dabei müssen verschiedene Parameter beachtet werden: etwa der Stärkezustand, der Eiweißgehalt oder der Schalen- und Mehlkörperanteil jedes Korns. Was man damit erreicht, sind optimierte Backeigenschaften des Mehles, was Bäcker ebenso wie Konsumenten freut. Denn so manche alte Bäuerin weiß vielleicht noch zu erzählen, was es einst bedeutet hat, mit quasi „schlechtem“ Korn aus einem völlig verregneten Sommer ein ganzes Jahr lang Brot backen zu müssen.

Zwei Labors befinden sich ebenfalls auf dem Betriebsgelände der Dykmühle: In einem wird das angelieferte Getreide untersucht, im anderen das gemahlene Mehl auf seine Eigenschaften getestet. Chemische Eigenschaften und physikalische Reaktionen gehören ebenfalls zum Alltag der Mehlproduktion.

Gleich bei der Übernahme wird mittels elektronischer Prüfgeräte Proteingehalt und -qualität, Feuchtigkeit sowie Volumengewicht des Korns gecheckt. (Letzteres gibt Auskunft darüber, wie dick- oder dünnschalig das Korn ist: Je schwerer ein Kubikmeter Getreide, desto größer sind die Körner und desto geringer ist zuletzt der Schalenanteil.)

Der Stärkezustand wird mit einem Fallzahlgerät bestimmt. Wobei wir wieder bei den eingangs erwähnten Amylogrammen wären, die diesen Zustand in eine anschauliche Kurve verwandeln.

Links: Im Aspirateur, der Getreidereinigungsmaschine, wird das Korn „sauber“. Rechts oben: Der Silozellenplan zeigt, welches Getreide wo lagert, etwa „Bio W“ (für Weizen) aus dem Erntejahr „15“. Rechts unten: Die Mehlsäcke werden genau beschriftet: Bio WVM steht für Bio-Weizenvollkornmehl.

Amylogramme sagen im Wesentlichen aus, ob die Stärkemoleküle im Inneren des Korns im Ur-Zustand sind oder sich bereits verändern und dem natürlichen Prozess entsprechend schon austreiben wollen. Das passiert zum Beispiel, wenn es kurz vor der Erntezeit oft geregnet hat. Dann beginnt das Korn genau genommen bereits auf dem Halm zu keimen. Und was dann geschieht, klingt in der Expertensprache so: „Die Amylopektinhüllen der Stärkemoleküle platzen auf", erläutert Peter Dyk. Das wiederum ist von Bedeutung für die Mehleigenschaften, denn diese sollten – verkürzt formuliert – möglichst so aussehen: Mehl muss einen optimalen Anteil sowohl an aufgeplatzten als auch an noch intakten Stärkemolekülen haben, damit später Gärprozess und Backvorgang des Teiges gut ablaufen können. Und das gewünschte Ergebnis – ein lockeres, saftiges und gut aufgegangenes Brot – bringen.

Der Bäcker, ein Genussproduzent

VON PROF. DR. WALTER FREUND

„Warm schmeckt immer" lautet eine Weisheit, die heute jeder Backwarenverkäufer berücksichtigt, doch das allein ist noch keine Kunst! Gebäck und Brot sollen auch dann einen bleibenden Genuss vermitteln, wenn sie erst später am heimischen Tisch verzehrt werden.

Die Kunst des Bäckerhandwerks besteht darin, alle Brotsorten und Weckerln so herzustellen, dass sie lange eine rösche Kruste, noch länger eine weiche, saftige Krume aufweisen und auch abgekühlt mit einem deutlich merkbaren Aroma nicht nur die Nase und den Gaumen erfreuen, sondern auch den Raum mit einer besonderen Duftnote erfüllen. Doch das gelingt leider nicht jedem Bäcker. Zu viele glauben immer noch, die schnelle Teigführung reiche aus, um die Kunden satt zu machen. In der 7.000-jährigen Bäckergeschichte war das vielleicht zwischen 1950 und 1990 richtig, als man meinte, mit viel Chemie auf Vorteige verzichten zu können. Heute ist der Bäcker jedoch ein Genussproduzent, egal, ob seine Produktionsstätte klein oder groß ist.

Wie gelingt es den Bäckern, Genussproduzenten zu werden? Wie bereits die 7.000 Jahre vorher auch: den Teig lange reifen lassen, damit die Mikroorganismen (Hefen und Sauerteigbakterien) sich entwickeln und vermehren können, genau wie beim Wein, Käse, Schinken oder Bier. Dabei wird nicht nur für die notwendige Lockerung gesorgt, sondern es werden auch viele Aromastoffe produziert und das Mehl wird enzymatisch so optimiert, dass Kruste und Krume Nase und Gaumen verwöhnen.

Saure (Sauerteig) und ganz besonders nicht saure Vorteige (Poolish, Dampfl) mit den richtigen Mikroorganismen über 20 Stunden gereift waren schon immer, besonders im alpenländischen Raum, der Weg zum geschmackvollen Roggen- oder Weizenbrot. Was sich früher über Generationen empirisch entwickelt hatte, wird heute durch die wissenschaftlichen Erkenntnisse zu einem Verfahren, das jeden Tag gleich hervorragende Backwaren ermöglicht. Milde, aromatische Sauerteige mit hoher Lockerungskraft entsprechen den Wünschen der Kunden. Hohe Mengen an Poolish, einem Vorteig, der zu gleichen Teilen aus Mehl und Wasser besteht, ergeben Weizengebäcke, die die Lust auf ungebändigten Genuss befriedigen.

Alte Tradition und neues Wissen lassen geschmackvolles Brot entstehen.

Jeder Bäcker muss heute nicht nur einen Sauerteig bereiten, nicht nur einen Weizenvorteig führen, sondern mit vielen unterschiedlichen Vorteigen, so wie es früher war, seine Gebäckvielfalt bei jeder Sorte einzigartig, unverkennbar machen. Der Verzicht auf jegliche Zusatzstoffe ist durch verschiedene Vorteige möglich, doch entscheidend ist die Beherrschung von gleicher Temperatur über das Jahr hinweg, gleicher Wassermenge in jedem Teig und den gleichen Mikroorganismen in den jeweiligen Teigen. Dazu sind Sorgfalt und gute Organisation nötig.

Die Bäckerkunst besteht heute darin, traditionelle Erfahrungen und wissenschaftliche Erkenntnisse in der täglichen Arbeit zu verbinden, um Gebäcke und Brote aus Roggen, Weizen und Dinkel täglich in der gleichen Qualität zu produzieren. Erst dann erfährt der Kunde einen täglichen Genuss bei einem Produkt, das seit vielen tausend Jahren nicht nur den Hunger stillt, sondern auch ein geschmackliches Erlebnis liefert. Die Kunst des Bäckers besteht in der heutigen Zeit darin, ein Grundnahrungsmittel aus der Masse als ein individuelles Kunstwerk herauszuheben und damit den Kunden ein unvergleichliches Sinneserlebnis zu bereiten.

Prof. Dr. Walter Freund ist Konditormeister und Lebensmittelwissenschaftler. Nach vielen Jahren an der Universität arbeitet er heute als Berater für viele Bäckereien, um mit seinem theoretischen Wissen ganz praktisch die Produktion von Premiumgebäcken zu unterstützen.

Auf der Suche nach dem Brot meiner Kindheit

In meinen Kindertagen war das Himmelreich auf Erden die Backstube des Dorfbäckers. Der unbeschreibliche Duft, der von ihr ausging, trieb mich als Kind willenlos in sie hinein, in die Backstube, in der ein sagenhaftes Durcheinander herrschte. Mittendrin der massige Bäcker, schwerfällig reicht er den Kunden sein Brot, mürrisch, wortlos, gar feindselig.

VON WERNER LAMPERT

Der Bäcker war der Vater von meinen Schulfreunden, aber nichts deutete daraufhin – kein Wort, keine Geste, kein Aufblitzen der Augen –, er gab mir einfach das backwarme, himmlische Brot. Kaum hielt ich das Brot, sein Brot in meiner Hand, entschwanden all meine Sorgen, mein Kummer, von dem ich reichlich hatte. Der Laib Brot in meiner Hand, der unglaubliche Duft, der ihm entströmte, wirkte wie ein Zauber auf mich, verzauberte mich. Nicht ein einziges Mal brachte ich das Brot nach Hause, ohne die Krume nach und nach abzureißen und zu verschlingen. Zu Hause angekommen sah der Laib schrecklich aus, als wäre ein Haufen Nager über ihn hergefallen. Selbstverständlich wurde ich beschimpft und bedroht, vergebens, nichts half, ich brachte das Brot niemals unversehrt heim.

Dieses Brot war mir Labsal und besänftigte mein Herzeleid, es war mir Seelennahrung. Ich war ihm als Kind verfallen. Es war Tag für Tag das fantastischste Geschenk für mich und der beste Begleiter auf meinem Weg von der Schule nach Hause.

Viele Jahrzehnte später las ich, dass schon vor Tausenden Jahren sich die Menschen Sorgen machten, ob die Gegangenen in ihrem neuen Leben das ihnen vertraute Brot wohl auch haben werden, ob sie es nach dem Tode verlernt haben, das Brot, ihr Brot herzustellen, zu backen. In einer Grabkammer des ägyptischen Mittleren Reiches fand man eine detaillierte Anleitung in Schaubildern Brot zu backen. In der Nähe des heutigen Luxor befindet sich die Grabkammer der Senet. Senet war die Frau oder Mutter eines hohen Beamten. Vom Korn ausgehend, mahlen, Teigrollen formen, Ofen aufheizen, ein Teigstück wird in den Ofen geschoben, ein anderes entnimmt man, alles wurde dargestellt, um der dahingegangenen Seele in der anderen Welt zu helfen, frisches Brot zu backen.

Die Kunst des Backens sollte in der anderen Welt nicht verloren gehen. Darum war Schritt für Schritt, vom Korn angefangen bis zum Backofen, alles in der Grabkammer aufgezeichnet. Die Kunst des Fertigens von Brot ist eine Handwerkskunst für die Ewigkeit, die nicht an das irdische Leben gebunden war. Seelen bedurften der himmlischen Nahrung des Brotes, das schon auf Erden eine Ahnung schenkte, wie es einst sein werde in der Ewigkeit, in der Herrlichkeit.

Doch heute ist Brotbacken leider ein industrieller Prozess geworden. Bei den meisten Bäckern liegen die Unterschiede nur noch im Maschinenpark und den Backmischungen. Viele arbeiten mit vorgefertigten Mehlmischungen, die alles beinhalten und denen nur noch Wasser zugesetzt werden muss. Noch schlimmer ist es, wenn Bäcker tiefgefrorene, gegarte Teiglinge zukaufen und nur noch abbacken müssen. Diese Teiglinge haben eine Haltbarkeit von 12 Monaten und enthalten Unmengen an Zusatzstoffen. Rationalisieren lautet auch hier das Zauberwort. Während mein Bäcker sich die Zeit für eine mehrstufige Sauerteigführung nahm und den Teig von Hand knetete, geht es bei vielen Bäckern ruck, zuck.

Lassen Sie mich nur einige wenige dieser in den Bäckereien verwendeten Zusatzstoffe und ihre technologische Wirkung bei der Verarbeitung und im fertigen Produkt beispielhaft anführen:

Dem Mehl ist meistens Ascorbinsäure (E 300) zugesetzt, um den Teig elastisch zu halten, und was ganz wichtig ist, ein mit Ascorbinsäure angereicherter Teig hält mehr Wasser. Gewicht bringt Geld, und Wasser kostet fast nichts. Außerdem wurde früher Mehl nach der Vermahlung ca. 2–3 Wochen abgelagert, diese Zeit bekommt es heute nicht mehr, auch deshalb wird Ascorbinsäure zugegeben.

Cystein, eine schwefelhaltige Aminosäure, wird dem Teig beigefügt, um die Mehlreifung zu beschleunigen und die Teigelastizität zu verbessern. Cystein wird hauptsächlich dort zugegeben, wo Teige direkt, sprich ohne Teigruhe, über große Teigbänder laufen und zu industriellen Brötchen, die alle gleich aussehen, ausgestanzt werden. Ohne Cystein wäre der Teig zu zäh und das Ausstanzen nicht möglich.

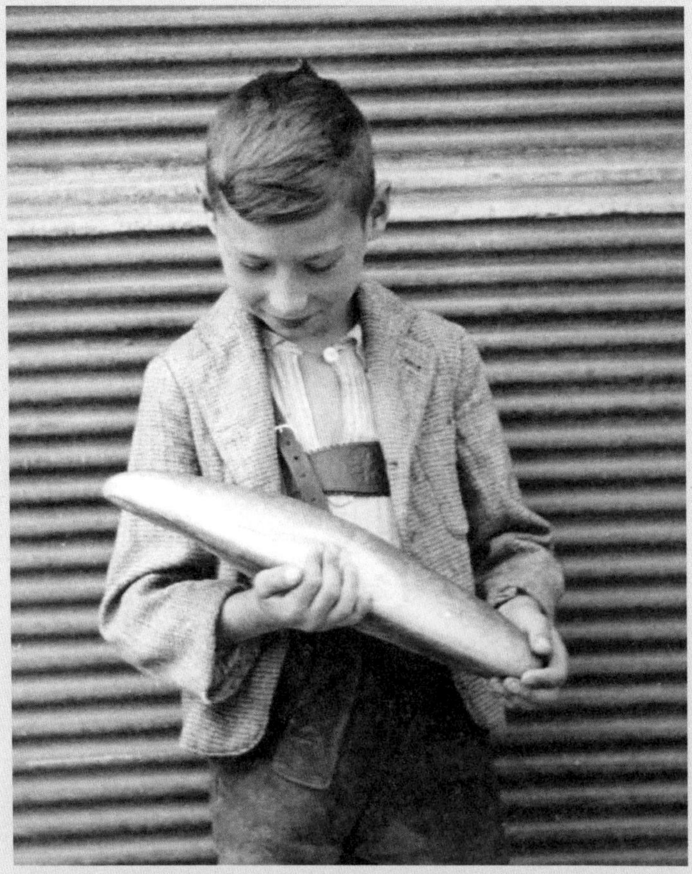

Noch ist das Brot unversehrt, die Versuchung, es anzuknabbern, ist groß.

Lecithin (E 222), Mono- und Diglyzeride (E 471) oder Diacetylweinsäureester (E 472e) verbessern die Teigstruktur, die Gärtoleranz und sorgen für eine Vergrößerung des Volumens. Calciumsulfat (E 516) beeinflusst die Teigquellung und verbessert die Teigelastizität.

Zitronensäure (E 330), Milchsäure (E 270) und Essigsäure (E 260), Calciumphosphat (E 341) und Natriumphosphat (E 339) werden als Säuerungsmittel eingesetzt und bewirken eine elastische Krume, das Brot wird gut kaufähig. Da die Bäcker nicht mehr wissen, wie man Sauerteig herstellt, benötigen sie große Mengen an Zitronensäure. Findet sich E 330 in der Zutatenliste, kann man davon ausgehen, dass der Bäcker verlernt hat, wie Sauerteig angefertigt wird.

„Das Brot der frühen Jahre …"

Um die Wasserbindung zu regulieren und das Brot länger frisch zu halten, werden Guarkernmehl (E 412) oder Johannisbrotkernmehl (E 410) eingesetzt.

Bei verpacktem Schnittbrot schließlich kommen noch Sorbinsäure (E 200) oder Propionsäure (E 280) zum Einsatz, um das Brot vor Schimmel zu bewahren.

Bei all diesen Hilfs- und Zusatzstoffen wurde natürlich nicht überprüft, was mit ihnen bei der technologischen Beanspruchung geschieht. Unterschiedliche Phosphate kommen zum Einsatz, die die fein abgestimmte Wechselwirkung in unserem Stoffwechsel beeinträchtigen. Der Teig muss sich der industriellen Geschwindigkeit anpassen, und dazu dient Calciumphosphat (E 341). Dieses setzt mit Natron Gasbläschen frei. Natrium-Pyrophosphat zerfällt bei ca. 60 Grad Celsius, setzt dann gleichfalls in einer chemischen Reaktion mit Natron Kohlendioxid frei, und das bläst den Teig so wunderbar auf. Was bei Ihnen den Eindruck der hohen Backkunst erzeugt, ist schnöde Chemie.

E 341 steht weiterhin im Verdacht, Ungeziefer wie Motten und Kornkäfern den Garaus zu machen. Dieses Phosphat kann Backmischungen beigefügt sein. Was für Ungeziefer letal ist, muss für uns doch nicht bedenklich sein. Den Einsatzmöglichkeiten der Hilfs- und Zusatzstoffe ist kaum eine Grenze gesetzt.

Aufgrund der lauter werdenden Kritik an Emulgatoren durch Medien und Endverbraucher werden von den Backmittelfirmen heutzutage immer mehr Enzyme eingesetzt. Diese Enzyme beherrschen alles, was das Industrieherz begehrt. Das Produkt bleibt länger weich und lange frisch, die Kruste wird besonders knusprig.

Ob Enzyme besser sind als Emulgatoren kann ich nicht beurteilen, aber selbst die Backmittelfirmen geben zu, dass man über Enzyme eigentlich weniger weiß als über Emulgatoren. Und noch etwas ist zu beachten: Enzyme scheinen zwar natürlich, sie werden aber in der Regel von gentechnisch veränderten Mikroorganismen produziert, denn das ist wesentlich billiger, als die Enzyme etwa aus Hefen und Pflanzen zu extrahieren.

Die Mischung aus diversen Enzymen bezeichnen die Backmittelfirmen als Enzymcocktail, dieser habe die gleiche Wirkung wie Emulgatoren. Doch was viel besser ist: Enzyme müssen nicht deklariert werden, da sie im Enderzeugnis keine technologische Wirkung mehr ausüben.

Unbekannt ist derzeit noch, was diese Enzyme im Menschen bewirken. Bewiesen sind bereits Enzymallergien bei Bäckern, denn jedes Protein kann Allergien auslösen. Vermutlich finden sich heute kaum noch ein Brot und noch weniger ein Gebäck, das nicht unter Enzymeinsatz gebacken wurde.

Verstehen Sie jetzt, warum ich noch immer auf der Suche nach dem Brot meiner Kindheit bin?

Werner Lampert zählt zu den Bio-Pionieren der ersten Stunde. Mit Ja! Natürlich *und* Zurück zum Ursprung *entwickelte der gebürtige Vorarlberger zwei der erfolgreichsten Bio-Marken im deutschen Sprachraum.*

1) William Sitwell. A History of Food in 100 Recipes. Collins. London.

Diese Aufnahme zeigt die Bäckerei in der Gstättengasse in Salzburg, die 1264 gegründet wurde.

Ein Auszug an Möglichkeiten, die ein Bäcker zur Verfügung hätte, wobei ich nicht behaupte, dass das Aufgeführte immer und überall zur Verwendung kommt:

MEHLBEHANDLUNGSMITTEL

- Ammoniumcarbonate E 503
- Diphosphate E 450
- Kaliumcarbonate E 501
- Kaliumphosphat E 340
- Kaliumtartrat E 336
- Kohlendioxid E 290
- Magnesiumcarbonate E 504
- Natrium-Kaliumtartrat E 337
- Natriumcarbonate E 500
- Natriumtartrat E 335
- Polyphosphate E 452
- Saures Natriumaluminiumphosphat E 541
- Triphosphate E 451
- Backtriebmittel
- Ammoniumcarbonate E 503
- Diphosphate E 450
- Kaliumcarbonate E 501
- Kaliumphosphat E 340
- Kaliumtartrat E 336
- Kohlendioxid E 290
- Magnesiumcarbonate E 504
- Natrium-Kaliumtartrat E 337
- Natriumcarbonate E 500
- Natriumtartrat E 335
- Polyphosphate E 452
- Saures Natriumaluminiumphosphat E 541
- Triphosphate E 451

TRENNMITTEL

- Aluminiumsilicat E 559
- Ammoniumcarbonate E 503
- Bentonit E 558
- Bienenwachs E 901
- Calciumaluminiumsilicat E 556
- Calciumcarbonat E 170
- Calciumferrocyanid E 538
- Calciumsilicat E 552
- Candelillawachs E 902
- Carnaubawachs E 903
- Diphosphate E 450
- Essigsäureester von Mono- und Diglyceriden von Speisefettsäuren E 472a
- Fettsäuren E 570
- Gemischte Essig- und Weinsäureester von Mono- und Diglyceriden von Speisefettsäuren E 472f
- Kaliumaluminiumsilicat E 555
- Kaliumcarbonate E 501
- Kaliumferrocyanid E 536
- Magnesiumcarbonate E 504
- Magnesiumoxid E 530
- Magnesiumsilicat E 553a
- Milchsäureester von Mono- und Diglyceriden von Speisefettsäuren E 472b
- Mono- und Diacetylweinsäureester von Mono- und Diglyceriden von Speisefettsäuren E 472e
- Natriumaluminiumsilicat E 554
- Natriumcarbonate E 500
- Natriumferrocyanid E 535
- Polyphosphate E 452
- Schellack E 904
- Siliciumdioxid E 551
- Talkum E 553b
- Thermooxidiertes Sojaöl mit Mono- und Diglyceriden von Speisefettsäuren E 479
- Triphosphate E 451

ENZYME

- Amylasen
- Proteasen
- Xylanasen
- Glukose-Oxidase
- Lipasen

Neben den vorhin angeführten Zusatzstoffen werden in der Bäckerei noch eine Reihe weiterer Hilfsstoffe aus verschiedensten Wirkstoffklassen eingesetzt wie Stärke, Quellmehle, Teigsäuerungsmittel, Weinsäure, Milchprodukte, Zuckerarten (Dextrose, Maltose und andere), Speisefette und -öle und eiweißreiche Substanzen zur Stärkung des Klebergehaltes, also der Backeigenschaft des Mehles.

So sah die Stiftsbäckerei in Salzburg um die Wende vom 19. zum 20. Jahrhundert aus.

Das Stift und seine Bäckerei

Wenn die ersten Touristen die Frühstücksbuffets verlassen, den Geschmack von Kornspitz, Laugenweckerln und Marmeladebrot noch auf den Lippen, hebt sie an, die Melodie, die Salzburg durch den Tag trägt.

Tourguides aus aller Herren Länder preisen die Schönheit der Stadt, erzählen von ihrer reichen Vergangenheit, mischen Fakten mit Anekdoten. Polyglotte Begeisterungsrufe schweben über den weiten Plätzen, hallen durch enge Gassen. Von dies- und jenseits des Flusses, von oben wird sie bewundert, die Schöne, die sich trotz barocker Vollbusigkeit so kleidet, wie es die Felskulisse und die Dominanz der Festung erfordern: dezent pastellfarben, weiß, grau.

Der Verkehrslärm, das Klappern von Pferdehufen, Straßenmusikanten, Sprachengemisch – all das gehört zur Kakophonie der Stadt. Nur eine hält sich recht still. Die Salzach. Wenn nicht gerade Hochwasser ist und sie zeigt, dass sie auch anders kann, fließt sie ruhig und ohne akustisch auf sich aufmerksam zu machen in ihrem Bett, eilig, aber geräuschlos, begradigt und von Menschenhand in ihre Schranken gewiesen.

Um 5 Uhr früh ist Salzburg ganz still und der Kapitelplatz wirkt viel größer als am Tag, wenn sich hier die Menschen drängen. Welcher Durchgang führt zum Ziel? Ich lasse mich von den Ohren leiten und dann höre ich es: Rauschen, Klappern. So geleitet gelange ich in einen Innenhof, wo sich ein mächtiges Mühlrad dreht. Das Wasser stürzt sich auf die Schaufeln, hier, in diesem engen Stadtraum, gibt dieses Element den Ton an, bereichert die Melodie der Stadt. Wenig später wird es in die Salzach fließen und dort verstummen.

Noch ist es dämmrig, aber wo ich hin will, ist Licht. Ein paar Stufen hinab, Wärme empfängt mich, es riecht säuerlich, ich stehe in der Stiftsbäckerei. Sie gehört St. Peter, dem ältesten noch existierenden Kloster im deutschsprachigen Raum. 696 wurde es von den Benediktinern gegründet, Ausgrabungen unter dem Altar der Stiftskirche beweisen, dass hier bereits im 5. Jahrhundert eine Kirche stand.

Wie weit zurück in die Geschichte führen diese paar Schritte? Ganz sicher sind es 800 Jahre, solange gibt es diese Bäckerei schon. Man darf aber getrost auch bis zu den Anfängen des Klosters zurückschreiten: Die Benediktiner leben nach dem Grundsatz „ora et labora" (bete und arbeite) und zum Arbeiten gehörten früher alle Tätigkeiten, die zum Überleben der Gemeinschaft beitrugen: Die Ordensmänner waren Landwirte, Handwerker, Viehzüchter, Gärtner, Köche und natürlich auch Bäcker. Diese Tätigkeiten wurden meist von den Laienbrüdern ausgeübt, die zwar Mitglieder des Ordens waren, aber keine Priesterweihe empfangen hatten. Das tägliche Brot, um das sie Gott baten, mussten die frommen Männer im Frühmittelalter selbst produzieren: vom Anbau des Getreides bis zum Backen. Erst im weiteren Verlauf des Mittelalters übernahmen Bauern einen Großteil der landwirtschaftlichen Arbeiten. Sie bewirtschafteten das Land des Klosters, genossen dessen Schutz und alimentierten ihren Grundherrn. Bis 1848 lieferten die Bauern den Zehent ab, das heißt 10 Prozent dessen, was sie erzeugten – Vieh, Getreide, Gemüse etc. –, bekam das Kloster. Verarbeitet wurde das Getreide innerhalb der Klostermauern, hier stand die Mühle, die Bäckerei.

Heute gehören 21 Mönche und circa 80 Angestellte zur Klostergemeinschaft von St. Peter, die Stiftsbäckerei ist verpachtet. In ihr schalten und walten Franz Grabmer, Müller- und Bäckermeister und Pächter, und der Bäckermeister Kurt Michlmair, der Herr über den Teig und den Ofen. Unterstützt wird er von einem jungen Kollegen, dem Gesellen Cagatay Önder. Michlmair arbeitet seit mehr als 20 Jahren in der Stiftsbäckerei und hätte, so sagt er, als Angestellter des Klosters sogar das Recht, dereinst auf dem hübschen Friedhof St. Peter zu ruhen, der direkt an die Bäckerei grenzt. Aber das will er nicht, „weil da hätt i ka Rua". »→

Der Heilige Nepomuk ist der Schutzpatron der Müller.

Kurt Michlmair kennt seinen Ofen und weiß genau, wie er ihn „füttern“ muss, um das ideale Ambiente zu schaffen, in dem das Brot sich wohlfühlt.

Verständlich, dass einer ruhig ruhen und nicht von Touristen gestört werden will, der zu Lebzeiten wenig Nachtruhe fand. Seit 4 Uhr ist Michlmair hier, denn bevor er mit dem Backen beginnen kann, hat er mehr zu leisten, als „nur" den Sauerteig zuzubereiten: Circa drei Kilogramm Teig vom Vortag (Grundsauer) werden mit Mehl und Wasser gemischt und 10 Minuten geknetet, das überlässt er der Maschine. Dann ruht der Teig, bildet Bläschen, wölbt sich. Etwa eine Stunde dauert es, bis der Vollsauer reif ist. Das Wort „reif" bringt zum Ausdruck, dass Sauerteig lebt, sich je nach Witterung anders verhält, und so überrascht es, dass Michlmair sagt, der Teig gelinge immer, „man kann fast nix falsch machen". So kann nur einer sprechen, der Jahrzehnte mit dieser Materie gearbeitet und genau im Gefühl hat, wie der Gärungsprozess verläuft. Welche Temperatur das Wasser im Winter und im Sommer haben muss, ob noch etwas Mehl hinzugegeben werden muss – das ist Routine für den erfahrenen Mann.

Den Ofen zu kennen, sei die Herausforderung hier, sagt er. „Andere drücken nur mehr den Knopf, des interessiert mi net." Der Ofen versteckt sich hinter einer weißen Kachelwand und zeigt nur ein relativ schmales Maul. Ihm hat Mittermair schon ab 4 Uhr seine Zeit gewidmet, er hat den Ofen gefüttert – „Nadelholz gibt die Hitze schnell ab und brennt besser ab" –, er hat ihn gesäubert, von Asche befreit. Eine Stunde brennt das Holz, dann ist die Temperatur von 250 Grad Celsius erreicht.

Wie weit in die Geschichte zurück führt nun dieser Ofen? Viel weiter als ins frühe Mittelalter, wir dürfen in die Zeit der alten Ägypter, der Römer reisen. Dies ist der biblische Feuerofen, in den der König von Babel die drei Jünglinge werfen ließ, es ist der Ofen aus dem Märchen „Frau Holle", aus dem das Brot ruft: „Ach bitte, zieh mich raus, zieh mich raus, sonst verbrenn ich! Ich bin schon längst fertig gebacken."

All diese Öfen funktionierten nach demselben Prinzip wie der, den Mittermair benutzt: In einem ummauerten Raum wird ein Feuer entfacht, die Steine nehmen die Hitze auf. Das Element Feuer liefert

Die Stiftsmühle vermahlt ihren Roggen selbst in mehreren Durchgängen: Franz Grabmer arbeitet mit einer Kombination aus drei Mühlsteinen mit Siebmaschinen.

die Kraft, die ins Brot übergeht, Luft, vom Meister gezielt zugeführt, steuert den Brennvorgang. Aus dem Getreide, das aus der Erde wuchs, dessen Ähren sich im Wind wiegten, wird Mehl. Mehl, Salz und Wasser sind die Bestandteile des Natursauerteigbrotes, das in den vom Feuer erwärmten Ofen wandert. Alle vier Elemente sind beteiligt, sie vereinen sich in unserem Grundnahrungsmittel, dem „täglichen Brot“.

Das Wasser erfüllt in der Stiftsbäckerei auch noch eine andere Funktion: Energielieferant für die Mühle. Allerdings setzt das Mühlrad nicht wie in vorindustrieller Zeit den Mühlstein in Bewegung, es liefert elektrische Energie – genug für die Mühle, die Bäckerei und 20 Haushalte. Dass sich das Rad seit 2006 wieder dreht, ist Franz Grabmer zu verdanken, der auch die Mühle ausbaute: Seit 2010 vermahlt die Stiftsbäckerei den Roggen selbst und nutzt ein von Grabmer entworfenes System: „Wenn man in einem Durchgang vermahlt“, sagt er, „erwärmt sich das Mahlgut und wertvolle Inhaltsstoffe gehen verloren. Deshalb arbeiten wir hier mit einer Kombination aus drei Mühlsteinen mit Siebmaschinen. Das ist schonender, was gröber ist, kommt in die nächste Mühle.“

Den Roggen bezieht Grabmer aus dem Waldviertel von einem zertifizierten Bauern. Dort wächst der beste, sagt er und weist auch noch auf ein Nischenprodukt hin, den Tauernroggen aus dem Lungau, der besonders kälteresistent ist. „50 Tonnen werden dort produziert, das reicht nur für die lokale Vermarktung, die Gesamtproduktion in Österreich liegt bei rund 200.000 Tonnen Roggen.“

Grabmer kennt sich aus, bis 2015 war er Landesinnungsmeister des Mühlengewerbes, aber nun fordert Kurt Michlmair meine ganze Aufmerksamkeit. Gerade hat er mit einem feuchten Lappen an einem Stock noch mal für die Reinigung des Ofens gesorgt und nun geht es los: Als übe er eine asiatische Kampfsportart aus, tänzelt der große Mann vor dem

„Und schließlich schob der Bäckermeister,
Nachdem wir erst als zäher Kleister
In seinem Troge baß gehudelt,
Vermengt, geknetet und vernudelt,
Uns in des Ofens höchste Glut.“

Wilhelm Busch, „Das Brot“

„Am besten ist's am nächsten Tag."

Ofen, spannt den Oberkörper an und mit der Entspannung gleiten die Teigstücke vom Schieber und landen genau dort, wo der Meister sie haben will. Nun verstehe ich, was er meinte, als er sagte, man müsse den Ofen kennen. In der Mitte herrschen die höchsten Temperaturen, die Teigstücke müssen verteilt und immer wieder umgepackt werden. Die Kunst liegt in der Bewegung der Brote, die Herausforderung lautet: „Was liegt, das pickt." Michlmair weiß genau, wann die Brote angebacken sind und wieder verschoben werden können, auf dass neue ihren Platz finden. Er wechselt die Schieber, der längste misst vier Meter, mit ihm bestückt er den hinteren Teil des Ofens, er bewegt die Brote wie ein Schachspieler souverän über die Fläche.

Ofenklappe zu, und nun ist es Zeit, vor die Bäckerei zu treten. Denn Grabmer ist nicht nur ein Fachmann, was Mühlen und Backen betrifft, er ist auch geschickt im Marketing: Als er die Ofenventilation erneuern musste, richtete er sie so ein, dass sie

Den Ofen zu bestücken und zu entleeren, ist Aufgabe des Meisters. Der Geselle arbeitet ihm zu.

nach außen bläst und den Hof vor der Bäckerei mit dem unwiderstehlichen Duft des frisch gebackenen Brotes erfüllt. Nun weisen nicht nur die Ohren den Weg, auch die Nase lenkt die Schritte in den Innenhof, und da es hell geworden ist, bietet sich auch ein Augenschmaus: Das mächtige, bemooste Mühlenrad, bewacht von einer Nepomukstatue, sonnengebräunte Holzwände, hoch oben die Festung. Um 7.30 Uhr kommen die ersten Kunden, zwei junge Amerikaner. Dann trudelt die einheimische Stammkundschaft ein, während der Geselle die Wagen bestückt, mit denen er das Brot ausfährt. 90 Prozent verkauft die Bäckerei direkt, oft ist das Brot schon zu Mittag ausverkauft.

Auch ich erwerbe zwei Laibe. Einzeln in Papier verpackt ruhen sie in einer braunen Tüte. Ich trage

Bevor die warmen Brote ins Regal kommen, werden sie mit etwas Wasser bestrichen.

sie vorsichtig und mit Stolz. Ich habe nichts geleistet, aber ich fühle mich, als hätte ich etwas erbeutet: Nahrung. Auf dem Rückweg von Salzburg nach München liegt die Tüte auf dem Beifahrersitz. Der Tacho zeigt 130 km/h, wie immer ist viel Verkehr auf der Autobahn und mein Hirn befiehlt: Pfoten ans Steuer. Trotzdem wandert meine Rechte immer wieder hinüber, ruht auf den runden Laiben, sucht deren Wärme. Warum macht es mich so glücklich, diese zwei Brote zu besitzen? Ich habe nie Hunger gelitten, ich könnte jederzeit abfahren und irgendwo einkehren, Schweinsbraten, Schnitzel, Salat, Eiscreme, Kuchen essen. Wie jeder moderne Mensch bin ich nicht mehr

abhängig vom Brot als tägliche Nahrung. Vielleicht wüsste die Hirnforschung eine Antwort. Vielleicht gibt es da eine Zelle, die schon die Urmenschen hatten und die sagt: „Wenn du diesen Geruch riechst, bist du in Sicherheit. Du hast, was du zum Überleben brauchst."

Als ich zu Hause ankomme, ist das Brot immer noch warm. Ich habe Kurt Michlmairs Worte im Ohr: „Am besten ist's am nächsten Tag." Der Meister hat sicher Recht. Aber er hat auch gesagt, wenn das Brot verkauft sei, gehöre es dem Kunden, „da hab ich nix mehr zu sagen". So ist es. Der Geruch, die wunderbare Kruste – wie ist es Brauch? Erst halbieren oder beim Scherzl anfangen? Halbieren, riechen, die dichte Krume befühlen und dann das Scherzl abschneiden und rein beißen. Keine Butter, kein Belag, nur Brot. Mehl, Wasser, Salz. Mehr braucht der Mensch nicht. Und es ist doch wunderbar, dass dieses „Überlebensmittel" auch noch ein Gaumenschmaus ist.

90 Prozent der Brote verkauft die Stiftsbäckerei direkt, der Rest wird ausgeliefert.

Hefe

Warum Brot „aufgeht“? Daran sind die Pilze der Backhefe oder Germ, wie man in Österreich sagt, schuld. Beziehungsweise der Sauerteig, der im Prinzip eine ähnliche Reaktion bewirkt.

Hefen sind die Triebfedern im Teig, sogenannte Knospungspilze, die die Stärke aus dem Mehl aufspalten und dabei Gase freisetzen. „Germpilze fressen Stärke oder Zucker und rülpsen Kohlendioxid“, formuliert es Werner Gruber, seines Zeichens Physiker am Wiener Institut für Experimentalphysik mit regem Interesse für Kulinarik.

Wie alle Pilze haben sie gern Sauerstoff zur Verfügung. Man könnte eigentlich auch sagen, dass ein Pilz „atmet“: Er nimmt Sauerstoff auf und stößt CO_2 aus. Haben sie keinen Sauerstoff zur Verfügung, versorgen sie sich anaerob und es kommt zur alkoholischen Gärung. Dabei spalten die einzelligen Hefepilze bei ihrer Arbeit Stärke in vergärbaren Zucker auf, dieser wird weiter zu Alkohol und ebenfalls CO_2 abgebaut. In der Folge entstehen im Teig kleine Bläschen aus Kohlenstoffdioxid. Kommt beim Backen dann die Hitze dazu, bildet sich in diesen Bläschen Wasserdampf. Und der schließlich bewirkt, dass der Teig locker und luftig wird. Der entstandene Alkohol verdampft ebenfalls beim Backen. Übrigens: Geht ein Kuchen oder ein Brot nicht auf, so kann eine Ursache sein, dass der Teig zu wenig Wasser enthält.

Sauerteig enthält ebenfalls Hefepilze, die in diesem Fall eine Lebensgemeinschaft mit Milchsäurebakterien eingehen. Sowohl die wilden Hefepilze als auch die Bakterien sind dabei einfach in der Luft vorhanden.

Das ist die gute und gleichzeitig auch die schlechte Nachricht. Einerseits ermöglicht dieser Umstand überhaupt erst die Herstellung von Sauerteig in jeder Küche. Man mische Mehl und Wasser – den Rest erledigt die Luft. Jahrhundertelang arbeiteten Bäuerinnen auf diese Weise und vertrauten dabei vor allem auf ihre Nase: Wenn der Sauerteig angenehm säuerlich riecht, ist er in Ordnung. Andererseits befinden sich in der Luft auch noch zahlreiche andere Bakterien und Pilze, die weniger willkommen sind. Schimmelpilze oder etwa Fäulnisbakterien und die können den Sauerteig natürlich ebenfalls besiedeln. Aber wie gesagt: Der Nase nach entscheiden und im Zweifelsfall

einfach noch einmal von vorne beginnen. Die Zugabe von Joghurt, Sauermilch oder Topfen beim Ansetzen von Sauerteig bewirkt übrigens, dass von Anfang an „richtige" Bakterien im Teig enthalten sind.

Aus den wilden Hefen werden seit Jahrhunderten Kulturhefen wie Bier-, Wein- und Backhefe mit spezifischen Eigenschaften gezüchtet. Zum Backen eignen sich Hefen der Gattung Saccharomyces cerevisiae besonders, die sehr viel Kohlendioxid erzeugen. Die industrielle Herstellung gezüchteter Hefen begann bereits im 18. Jahrhundert. Ursprünglich fielen sie damals als Nebenprodukt beim Destillieren von Schnaps, der aus Korn gebrannt wurde, an.

Bei guter Nährstoff- und Sauerstoffversorgung verdoppelt sich die Hefemasse etwa in zwei Stunden. Hefepilze arbeiten optimal bei 32 Grad Celsius, viel mehr an Wärme darf's dann allerdings auch nicht mehr sein, denn bei mehr als 45 Grad Celsius beginnen sie bereits abzusterben.

Theoretisch lässt sich Backhefe sogar selbst herstellen. Wenn man sehr sauber arbeitet, kann man unbehandelte Früchte mit Zucker und chlorfreiem Wasser in einer möglichst gut sterilisierten (ausgekochten) Karaffe ansetzen. Das Verhältnis sollte etwa ein Drittel Früchte zu zwei Dritteln Wasser betragen, dazu kommen noch fünf Teelöffel Rohrzucker. Dann das Gefäß mit einem Tuch abdecken und abwarten. Nach etwa zehn Tagen ist die Backhefe fertig vergoren, 200 Milliliter davon reichen etwa für 500 Gramm Mehl.

Wer's nicht ganz so hausgemacht, aber trotzdem bio will: Ökologisch produzierte Hefe wird von der Industrie mittlerweile hergestellt und ist eine gute Alternative. Bio-Hefe wird meist auf Getreidebasis gezüchtet und im Unterschied zur konventionellen Hefe wird bei ihrer Herstellung auf den Einsatz von Chemikalien wie Schwefelsäure, Ammoniak oder synthetische Öle vollständig verzichtet. Auch sind die verwendeten Mikroorganismen und andere Rohstoffe frei von gentechnisch veränderten Organismen. Seit 2009 wird Bio-Hefe auch als solche deklariert.

GEWÜRZE

Kümmel, Fenchel, Anis und Koriander waren seit jeher unsere klassischen Brotgewürze. Wie viel davon in den Teig kam, war aber zuweilen ein gut gehütetes Geheimnis.

Eigentlich ging es ja gar nicht so sehr um den Geschmack. Die klassischen Brotgewürze hatten vielmehr die Aufgabe, die Verdauung zu unterstützen und das Gebäck bekömmlicher zu machen. Leicht verfügbar sollten sie auch noch sein – am besten aus dem Küchengarten oder wild von der Wiese.

Sie wurden und werden entweder im Ganzen verarbeitet, grob gemörsert oder zu feinem Pulver vermahlen. Ihre Wirksamkeit erhöht sich, wenn sie unmittelbar vor der weiteren Verwendung zerkleinert werden, denn dadurch können die heilenden und fördernden Wirkstoffe in die Speise oder die Flüssigkeit übergehen. Allerdings sollte nicht auf Vorrat gemörsert werden, da die reichlich vorhandenen ätherischen Öle durch Kontakt mit der Luft oxydieren. Dadurch geht ein Teil der Heilkraft verloren.

Brote, Gewürze und ihre Heilwirkungen gehören kulturhistorisch betrachtet eng zusammen. Unser „Pfefferkuchen" führt das Würzmittel im Namen, ebenso wie das italienische „Panforte" und das französische „Pain d'epices" immer noch die jeweiligen Bezeichnungen für Brot tragen. Diese Gebäcke aus Roggenteig oder einer Roggen-Weizen-Mischung waren ursprünglich von Ordensschwestern nach überlieferten Rezepten gebacken worden. Sie wurden mit teils äußerst starken Gewürzmischungen zubereitet, enthielten jede Menge Zimt ebenso wie Pfeffer, Ingwer, Muskat, Gewürznelken, Fenchel, Anis und vieles mehr.

Gewürzexpertin und Kochbuchhändlerin Nathalie Pernstich aus Wien hat sich auf die Spur dieser Würzbrote begeben und ein mittelalterliches Rezept nachgebacken. Ihr Resümee: „Es wurde ja auch Magenbrot genannt und galt als Medizin, die bei Bedarf verabreicht wurde. Für heutige Verhältnisse schmeckt es wahnsinnig intensiv und ist ehrlich gesagt kaum essbar."

Aber auch das alltägliche Brot in bäuerlichen Haushalten wurde stets gewürzt, um den schweren Teig leichter verdaulich und länger haltbar zu machen. Dabei gab es auch regionale Unterschiede, so

verwendet man in Südtirol etwa seit jeher auch den Bockshornklee als Brotgewürz. Und man legte natürlich großen Wert darauf, eine möglichst schmackhafte Mischung zu finden. Die dann meist nicht gern verraten wurde. „Das waren immer so ein bisschen Geheimrezepte, die die Bäuerinnen nicht gern preisgaben", so Pernstich. Vier Basisgewürze fanden sich jedenfalls in fast allen Brotteigen: Kümmel, Fenchel, Koriander und Anis.

Kümmel gilt dabei generell als „Charaktergewürz" der deutschen und österreichischen Küche. Und er ist auch eines der wenigen tatsächlich heimischen Gewürze in unseren Breiten. Sein heutiges Verbreitungsgebiet reicht von Skandinavien bis in den Mittelmeerraum. Schon bei Ausgrabungen mitteleuropäischer Pfahlbauten der Stein- und Bronzezeit wurde er gefunden, und die Ärzte der griechischen und römischen Antike verwendeten ihn als Medizin gegen Verdauungsbeschwerden. Praktischerweise war er auch immer als Wildpflanze vor der Haustüre zu finden.

Fenchel wiederum ist eher eine mediterrane Pflanze, die sich erst im Laufe der Jahrhunderte auf den

Weg nach Mittel- und Nordeuropa machte. Er wirkt beruhigend auf den Magen-Darm-Trakt und ist vor allem in Süddeutschland und Österreich als Brotgewürz beliebt.

Der dritte im Bunde, Anis, ist wie Fenchel ein Doldenblütlergewächs mit langer Historie. In der Antike würzte man sogar den Wein damit, heute ist Anis sowohl als Brotgewürz als auch in der Weihnachtsbäckerei beliebt. Einst soll er auch Originalbestandteil des westfälischen Pumpernickels gewesen sein.

Koriander schließlich schenkt uns intensiv-nussiges Aroma. Brotbäckerin, Buchautorin und Schul-am-Berg-Gründerin Roswitha Huber bezeichnet ihn als „mein absolutes Lieblingsgewürz“. Er wird auch „Brotkügerl“ genannt und fördert ebenfalls die Verdauung.

Und zuletzt noch ein Tipp von Gewürzexpertin Pernstich: „Senfkörner, die im Brot mitgebacken werden, verlängern die Haltbarkeit.“

VON DER NATURWISSENSCHAFT DES BROTES. ODER:

Es braucht alle ELEMENTE!

Wasser, Luft und das Korn der Erde verwandeln sich dank der Hitze des Feuers zum täglich Brot – ein jahrtausendealtes Rezept.

FEUER

Ohne Hitze kein Brot. Früher war dafür ausschließlich Feuer zuständig, heute ersetzen wir es auch durch andere Wärmequellen. Beim Brotbacken benötigt es jedenfalls Temperaturen bis zu 250 Grad Celsius. Ab einer Erwärmung auf 100 Grad Celsius verdampft das im Teig eingeschlossene Wasser, ab 140 Grad Celsius schließlich setzt die sogenannte Maillard-Reaktion ein. Die ist beim Kochen, Braten und Backen so etwas wie die Grundlage des Geschmacks, der uns das sprichwörtliche Wasser im Mund zusammenlaufen lässt. „Ab 140 Grad Celsius verbinden sich die Aminosäuren, das sind die Bausteine, aus denen Proteine aufgebaut sind, unter der Abgabe von Wasser mit Zucker“, erklärt Physiker Gruber. Das hat eine weitere Kette von Reaktionen zur Folge, die schlussendlich für verschiedene Geschmacksnoten und den unvergleichlichen Duft frisch gebackenen Brotes verantwortlich sind. Konkret entstehen die sogenannten

Röstaromen, die nach Kaffee, Malz, Karamell und vielem mehr riechen. Für die braune Farbe sorgen die ebenfalls im Zuge dieser Reaktion entstehenden Melanoidine.

Wasser

Wenn der Bäckermeister sagt, dass er „Spannung“ in den Brotteig knetet, dann hat das viel mit Gespür und Handwerk zu tun. Und mit Physik. Denn dann beginnen sich die Bestandteile des Mehles in der richtigen Weise mit dem Wasser zu verbinden. „Mehl besteht aus Stärke und Gluten. Die Stärkemoleküle lösen sich im Wasser auf und bewirken, dass der Teig zusammenhält“, erklärt der kulinarische Physiker Werner Gruber. Die Gluten – auch Proteine, Eiweiß oder Kleber genannt – sind dagegen nicht wasserlöslich, sie sorgen für die Elastizität im Teiggerüst.

Darüber hinaus ist das im Teig enthaltene Wasser dafür verantwortlich, dass das Brot aufgeht. Es ist in kleinen CO_2-Bläschen, die durch den Gärprozess von Sauerteig oder Hefe entstehen, eingeschlossen und verdampft ab 100 Grad Celsius, was den Teig lockert.

Eine Anmerkung dazu: In manchen Rezepten ist „Weizenkleber“ als Zutat angegeben. Den kann man entweder im Fachgeschäft kaufen, Bäcker stellen ihn aber dank des eingangs erläuterten Prinzips auch selber her: Einen Teig aus Weizenmehl, Wasser und etwas Salz kneten und rasten lassen. Dann wird er „gewaschen“, das schwemmt die gelöste Stärke heraus. Übrig bleibt eine kaugummiartige Masse, die getrocknet und vermahlen werden kann – der Weizenkleber.

Luft

Das allgegenwärtige Element stellt auch für Brot eine lebenswichtige Basis dar. Luft sorgt für die wilden Hefezellen und Milchsäurebakterien, die Sauerteig überhaupt erst entstehen lassen. Die Mikroorganismen kommen praktisch überall auf der Welt in der Atmosphäre vor, sogar viele Seemeilen vom Land entfernt mitten auf dem Meer oder in großer Höhe. Der Sauerstoff der Luft bewirkt zudem, dass die Hefepilze wachsen und sich vermehren. Das mechanische Einarbeiten von Luft in den Teig wird auch als „physikalische Lockerung“ bezeichnet – intensives Kneten macht Brot schlicht und einfach „luftig“.

Erde

Die Schicht zwischen Atmosphäre und dem festen Gestein des Bodens hat es in sich: alles, was wir essen nämlich. Sie ist die Basis für den Anbau des Brotgetreides sowie sämtlicher anderer Pflanzen. Sie existiert seit Millionen von Jahren, lässt Gräser, Bäume und Blumen gedeihen, speichert Wasser, hält Nährstoffe bereit. Sie ist ein ausgeklügeltes System, in dem Millionen von Kleinstlebewesen beständig dafür sorgen, dass der Laden läuft. Und sie kommt bestens ohne unser Zutun aus. Wir aber nicht ohne sie. Seit etwa 13.000 Jahren betreibt der Mensch auf dieser Erde Ackerbau und lebt mit und von ihr. Darum sollten wir sorgfältig mit unserer Grundlage umgehen und das empfindliche Gleichgewicht nicht durch Eingriffe stören. Nur dann kann gedeihen, was in weiterer Folge Mensch und Tier gedeihen lässt. Bis sich der Kreislauf vollendet – und alles Abgestorbene wiederum der Erde als organische Nahrung dient.

Mutter Erde lässt das Getreide wachsen, Luft und Wasser machen den Teig locker.

Brotbacken
SCHRITT FÜR SCHRITT

Hefeteig

1

Zutaten:
350 g Weizenmehl T 480
15 g Salz
30 g Butter
5 g Malzmehl
80 ml Milch
80 ml Wasser
Für das Dampfl:
150 g Weizenmehl T 700
145 ml lauwarmes Wasser
21 g frische Germ (½ Würfel)
1 Prise Zucker

2

Für das Dampfl 2 EL Mehl beiseite geben, restliches Mehl mit Germ verbröseln. Salz und Wasser zugeben und alles mit den Händen vermischen.Teig mit einem Kochlöffel abschlagen, ev. noch Wasser zugeben. Mit den 2 EL Mehl bestäuben und gehen lassen, bis das Dampfl Risse zeigt.

3

Für den Teig das Mehl auf die Arbeitsplatte häufen. Eine Mulde formen und Dampfl, Salz, Butter und das Malz dazu geben. Masse locker vermischen, dazu nimmt man am besten einen Kochlöffel.

4

Milch und Wasser nach und nach zugießen und zur Mehl-Dampfl-Mischung geben. Alles wieder vermischen und dabei aufpassen, dass die Flüssigkeit nicht über den Mehlrand hinausrinnt.

5 6

Nun das Mehl von außen nach innen einarbeiten. Dazu kann man auch eine Teigkarte nehmen, um den am Brett anhaftenden Teig immer wieder gut zu lösen. Teig mit einem Tuch abdecken und an einem warmen Ort gehen lassen.

5

6

Sauerteig

1) Ura (Anstellgut) herstellen

1

Zutaten für die 1. Stufe:
250 g Roggenmehl T 960
65 g Joghurt (3,6 %)
250 ml Wasser,
ca. 35 °C warm
Für die 2 Stufe:
250 g Roggenmehl T 960
250 ml Wasser,
ca. 12 °C kalt
Für die 3 Stufe:
130 g Roggenmehl T 960

2

Für das Ansetzen der Ura zuerst die Zutaten für die 1. Stufe mischen. Der Teig kann mit der Hand oder mit einem Kochlöffel vermischt oder abgeschlagen werden, bis er glatt ist.

3

Ansatz nun bei Zimmertemperatur 24 Stunden locker zugedeckt (mit einem Tuch oder in einem großen Rexglas mit Glasdeckel, aber ohne Gummi) stehen lassen. In dieser Phase entwickelt sich die Milchsäure. Durch die Zugabe von Joghurt (oder auch Topfen) hat man gleich die „richtigen" Bakterien zur Mitarbeit eingeladen und verhindert das Risiko von Fehlgärungen.

4

Am zweiten Tag riecht der Teig leicht „milchsäuerlich" (etwa wie bei der Käseherstellung). Nun die Zutaten für die 2. Stufe zugeben und wieder alles mit der Hand oder einem Kochlöffel durchmischen. Diesmal möglichst kaltes Wasser nehmen, damit sich Essigsäure bilden kann. Den Teig erneut 24 Stunden stehen lassen.

5

Am dritten Tag soll der Teig angenehm essigsauer riechen. Die restliche Menge Mehl dazuzugeben – es soll nun ein eher fester Teig entstehen – und alles wieder 24 Stunden stehen lassen. Am vierten Tag bzw. nach 72 Stunden ist der Sauerteigansatz, die Ura, fertig. Er kann nun ca. 1 Woche kühl gelagert und weiterverarbeitet werden oder portionsweise tiefgekühlt.

1

Sauerteig

2) Mischen und Kneten

1

Zutaten:
625 g Roggenmehl T 960
375 ml Wasser
100 g Ura oder Anstellgut

2

Die Zutaten auf einem Brett oder in einer großen Rührschüssel per Hand vermischen. In der Küchenmaschine am besten auf Stufe 1. Die Teigzutaten sollen sich locker verbinden. Nach dem Mischen wird der Teig geknetet (Küchenmaschine Stufe 2–3).

3

Der Teig ist anfangs bröselig und grob strukturiert. Erst durch das stetige Durcharbeiten erhält er seine geschmeidige Konsistenz und klebt auch weniger.

4

Wasser nach und nach dazugeben. Grundsätzlich gilt für alle Brotteige: Es ist leichter, in einen weichen Teig Mehl einzuarbeiten als Wasser in einen trockenen Teig. Beim Arbeiten mit den Händen kann man die Teigkonsistenz gut spüren.

5

Der Teig soll nicht mehr haften bleiben und sich beim Kneten zunehmend leichter von den Händen oder der Schüssel lösen. Es entsteht eine homogene Teigkugel, die jetzt noch weitere 12 Stunden rasten muss. Danach ist der Sauerteig fertig und kann je nach Rezept weiterverwendet werden – als Basis für saftiges Brot.

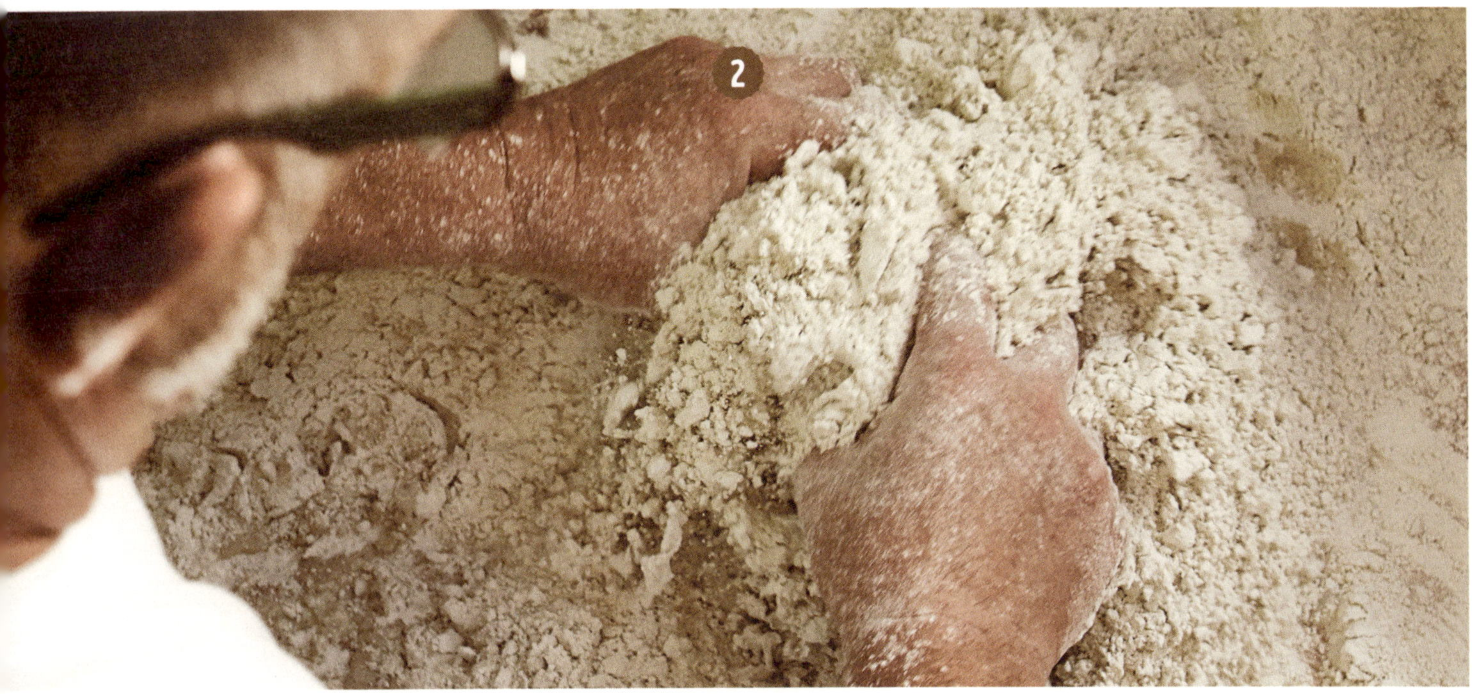

3

4

5

Die 17 besten REZEPTE

Dieser einfache Teig ist eine wichtige Grundlage für einige der folgenden Rezepte.

Vorteig

Für 1 kg

ZUBEREITUNG

Alle Zutaten mischen und mindestens 4 Stunden bei Raumtemperatur gehen lassen. Die jeweils benötigte Menge abwiegen und nach Rezept weiter verarbeiten.

ZUTATEN

- 600 g Weizenmehl T 700
- (oder Dinkelmehl T 700 oder Dinkelvollmehl)
- 15 g Salz
- 15 g Malzmehl oder Flüssigmalz oder Zucker
- 7 g Hefe
- ca. 370 ml lauwarmes Wasser

Vorteig kann auch portionsweise eingefroren werden!

MIT SAUERTEIG
für ca. 1000 g

WEIZEN-ROGGEN-BROT MIT RÖSTBROTMIX

ZUTATEN

- 210 g Roggenmehl T 960
- 170 g Weizenmehl T 700
- 180 g Roggensauerteig
- 10 g Salz
- 3 g Hefe
- 2 g Brotgewürz
- 90 ml Wasser

Für den Röstbrotmix:

- 160 g Brotreste
- 330 ml Wasser

ZUBEREITUNG

Für den Brotmix die Brotreste im Backrohr rösten, mit Wasser vermischen und die Masse nach etwas Stehzeit mit dem Pürierstab oder Handmixer aufmixen.

Röstbrotmix mit allen anderen Zutaten auf einem Brett oder in einem großen Weidling erst langsam vermischen, dann kneten, bis ein geschmeidiger Teig entsteht, der sich gut von der Schüssel bzw. von der Hand löst. Zu einer Kugel formen und im Weidling oder auf einem Brett mit einem Tuch bedeckt 60–90 Minuten rasten lassen.

Teig zu einem länglichen Wecken wirken und in einem gut bemehlten Simperl nochmals ca. 1 Stunde zugedeckt rasten lassen.

Ofen auf 250 °C vorheizen, Backblech ebenfalls vorheizen. Brot auf ein Backpapier stürzen, aufs Blech ziehen und 10 Minuten bei 250 °C anbacken, dann die Temperatur auf 200 °C reduzieren und 45–50 Minuten fertig backen.

MIT *Sauerteig*
Für 2 Laibe á 400 g

Nussbrot

ZUBEREITUNG

Alle Zutaten in der Küchenmaschine zuerst langsam vermischen (Stufe 1), dann höher schalten und verkneten, bis ein geschmeidiger Teig entsteht. Teig zu einer Kugel wirken und in einem Weidling 60–90 Minuten zugedeckt rasten lassen.

Teig zu zwei kleinen Laiben formen und in gut bemehlten Simperln nochmal ca. 60 Minuten rasten lassen.

Backrohr auf 250 °C vorheizen, Backblech ebenfalls vorheizen. Brote auf Backpapier stürzen, auf das heiße Blech ziehen und gleich ins Rohr schieben.
10 Minuten bei 250 °C anbacken, danach die Temperatur auf 200 °C reduzieren und 45–50 Minuten fertig backen.

ZUTATEN

» 210 g Roggenmehl T 960
» 170 g Weizenmehl T 700
» 180 g Roggensauerteig
» 10 g Salz
» 2 g Brotgewürz (Mischung nach Geschmack)
» 3 g Hefe
» 280 ml Wasser
» 80 g Walnusskerne

MIT SAUERTEIG
für 1 Kastenbrot von ca. 550 g

Kornbrot mit Saaten

ZUBEREITUNG

Für das Quellstück Körner und Getreideflocken mit ca. 40 °C warmem Wasser übergießen, durchmischen und 12 Stunden ziehen lassen.

Am nächsten Tag alle Zutaten für den Brotteig mit dem Quellstück vermischen und in der Küchenmaschine mittels Knethaken (oder von Hand) langsam mischen. In der Maschine dauert das etwa 7–8 Minuten. Dann auf höhere Stufe drehen und weitere 2 Minuten kneten, bis sich der Teig von der Schüssel löst. Zu einer Kugel wirken und unter einem Tuch auf einem bemehlten Brett oder im Weidling 60 Minuten rasten lassen.

Einen länglichen Laib formen, in eine geölte Kastenform legen und 60–95 Minuten bei Zimmertemperatur rasten lassen. Ofen auf 250 °C vorheizen, Kastenform ins heiße Rohr schieben und bei 250 °C 10–15 Minuten anbacken. Dann die Temperatur auf 230 °C reduzieren und 45 Minuten fertig backen.

ZUTATEN

Für das Quellstück:

- 20 g Leinsamen
- 20 g Sonnenblumenkerne
- 35 g Roggenschrot (oder Getreideflocken)
- 70 ml Wasser

Für den Brotteig:

- 140 g Roggenmehl T 960
- 140 g Weizenmehl T 1600
- 140 g Roggensauerteig
- 2 g Brotgewürz
- 8 g Salz
- 2 g Hefe
- 120 ml Wasser

Für ca. 800 g

Dinkelbrot

ZUBEREITUNG

Für das Quellstück Traubensaft über die Flocken gießen und 12 Stunden quellen lassen.

Am nächsten Tag mit den restlichen Zutaten auf niedriger Stufe in der Küchenmaschine kneten, bis der Teig seidig matt glänzt. Dann zu einer Kugel formen und 12 Stunden zugedeckt in einem Weidling im Kühlschrank (bei ca. 5 °C) rasten lassen. Danach noch einmal 12 Stunden bei Zimmertemperatur rasten lassen.

Teig aus dem Weidling stürzen und zu einem Laib formen. Teig dabei nicht wirken, sondern nur etwas auseinanderziehen und wie eine Golatsche falten. Mit dem Teigschluss nach unten in einem bemehlten Simperl oder auf einem Brett nochmals etwa 15 Minuten ruhen lassen.

Auf ein heißes Backblech oder einen vorgeheizten Backstein legen und im vorgeheizten Rohr bei 250 °C für 7 Minuten anbacken, danach die Temperatur auf 200 °C reduzieren und 45–50 Minuten fertig backen.

ZUTATEN

Für das Quellstück:

» 90 g Dinkelflocken
» 80 ml Traubensaft

» **Für den Teig:**
» 300 g Dinkelvollmehl
» 8 g Salz
» 2 g Dinkelmalz (oder anderes Malzmehl oder Flüssigmalz)
» 1 g Hefe
» 60 g Dinkelvorteig
» 260 ml Wasser

MIT *Sauerteig*

Für 1 Laib von ca. 900 g

Rustikalbrot

ZUBEREITUNG

Die Zutaten für das Quellstück mischen und mindestens 2 Stunden verquellen lassen.

Für den Brotmix das Altbrot im Backrohr rösten, mit dem Wasser vermischen und die Masse nach etwas Stehzeit mit Pürierstab oder Handmixer aufmixen.

Dann alle Zutaten mit der Hand oder mittels Rührwerk langsam auf niedriger Stufe mischen, anschließend höher schalten oder kneten, bis ein geschmeidiger Teig entsteht. Teig zu einer Kugel wirken und in einem Weidling oder einem gut bemehlten Simperl 60–90 Minuten zugedeckt rasten lassen.

Teig noch einmal durchkneten, zu einem Brotlaib wirken und noch einmal 30–45 Minuten rasten lassen. Backrohr und Backbleck auf 250 °C vorheizen, das Brot 10 Minuten anbacken. Danach die Temperatur auf 200 °C reduzieren und 45–50 Minuten fertigbacken.

ZUTATEN

Für das Quellstück:

- 70 g Mischung aus Getreideflocken und/oder -schrot (zB.: 30 g Roggenschrot, 20 g Sonnenblumenkerne, 20 g Leinsamen)
- 70 ml heißes Wasser (ca. 45 °C)

Für den Teig:

- 140 g Roggenmehl T 960
- 140 g Weizenmehl T 1600
- 140 g Roggensauerteig
- ev. 1 TL Brotgewürz
- 8 g Salz
- 2 g Hefe

- Brotmix aus 250 ml Wasser und 125 g Altbrot

FÜR 1 WECKEN
von ca. 400 g

ERDÄPFELBROT

ZUBEREITUNG

Pürierte Erdäpfel auf Zimmertemperatur abkühlen lassen. Mit den restlichen Zutaten vermischen, zu einem geschmeidigen Teig verkneten und 60 Minuten gehen lassen.

Anschließend auf ein bemehltes Brett stürzen, zu einem länglichen Wecken wirken und in eine geölte Kastenform legen. Noch einmal etwa 35–45 Minuten rasten lassen.

Ofen auf 250 °C vorheizen, Brot ins heiße Rohr schieben und ca. 7 Minuten bei 250 °C anbacken. Dann die Temperatur auf 200 °C reduzieren und weitere 30 Minuten oder bis zu einer Kerntemperatur von 95–97 °C fertig backen.

ZUTATEN

» 110 g Erdäpfel, gekocht, geschält und püriert
» 150 g Weizenmehl T 700
» 75 g Weizengries
» 5 g Salz
» 6 g Weizenmalzmehl oder Flüssigmalz, optional kann auch Zucker verwendet werden
» 11 g Hefe
» 130 g Weizenvorteig

Tipp: Dieses Brot ist ideal zum Toasten!

Für ca. 900 g

Waldviertler-Brot

ZUBEREITUNG

Vorteig nach Rezept von Seite 160 zubereiten, allerdings länger reifen lassen: zuerst zwei Stunden bei Raumtemperatur, dann weitere 10 Stunden im Kühlschrank. Für den Brotmix Altbrot im Rohr toasten, mit dem Wasser mischen und nach etwas Stehzeit pürieren.

Alle Zutaten in der Küchenmaschine mischen (25 Minuten auf Stufe 1) und kneten (Stufe 2 oder 3), bis ein geschmeidiger Teig entsteht, der „Blasen" wirft. Das dauert insgesamt etwa 40–45 Minuten. Den Teig in einem Weidling 12 Stunden im Kühlschrank rasten lassen (ev. mit einem Tuch abdecken). Dann weitere 12 Stunden bei Raumtemperatur rasten lassen.

Teig auf ein bemehltes Brett stürzen. Zu einem großen oder zwei kleineren Brotlaiben formen, den Teig dabei von oben und unten, rechts und links zusammenklappen wie eine Golatsche. In ein gut gestaubtes Simperl legen und nochmals 15 Minuten rasten lassen. Ins vorgeheizte Rohr bei 250 °C einschießen. 10 Minuten anbacken, danach Temperatur auf 200 °C reduzieren und 60–65 Minuten fertig backen.

ZUTATEN

» 105 g Weizenvorteig
» 350 g Weizenmehl T 700
» 70 g Roggenmehl T 960
» 14 g Salz
» 1 Brösel Germ (ca. 1 g)
» 35 g Roggensauerteig
» 190 g Brotmix (aus 60 g Altbrot und 130 g Wasser)
» 330 ml Wasser
» 4 g Malzmehl (optimal ist für dieses Brot eine Mischung aus 2 g Weizenmalzmehl und 2 g Roggenmalzmehl)

MT HEFE

2 Wecken á ca. 550 g

Wurzel-Brot

ZUTATEN

- » 800 g Weizenmehl T 700
- » ½ Würfel Hefe (21 g)
- » 540 ml lauwarmes Wasser
- » 15 g Salz

ZUBEREITUNG

Mehl in eine Rührschüssel geben, in der Mitte eine Grube formen und 140 ml Wasser hineinleeren. Nun die Germ ins Wasser bröseln und Wasser, Germ und etwas vom Mehl mit der Hand zu einem Dampfl vermischen. Es soll etwa die Konsistenz einer Cremesuppe haben. Schüssel zudecken und 120 Minuten gehen lassen.

Salz und restliches Wasser dazugeben, mittels Knethaken zuerst auf niedriger Stufe mischen, bis sich die Zutaten gut verbunden haben. Dann auf höhere Stufe schalten und den Teig kneten, bis er geschmeidig sowie samtig glänzend ist. Teig in der Schüssel weitere 60 Minuten rasten lassen. Teig aus der Schüssel stürzen und zu zwei länglichen Wecken formen. Jeden Wecken zwei oder dreimal um die eigene Achse zu einem „Wurzelbrot" drehen. Auf Backpapier legen und mit einem Tuch zugedeckt noch einmal 30–35 Minuten rasten lassen.

Backrohr auf 250 °C vorheizen, Backblech ebenfalls vorheizen. Brote mit dem Backpapier auf das heiße Blech ziehen und 7 Minuten bei 250 °C anbacken. Dann die Temperatur auf 200 °C reduzieren und 25–30 Minuten fertig backen.

MIT HEFETEIG

Für vier Striezel à 300 g

DINKELBUTTERZOPF

ZUBEREITUNG

Rosinen mit Rum übergießen und drei Stunden lang quellen lassen.

Alle Zutaten bis auf die Rosinen vermischen und zu einem geschmeidigen Teig verarbeiten. Diesen drei Minuten lang gut kneten. Erst zum Schluss die Rosinen untermischen.

Den Teig in der Schüssel mit einem Tuch zugedeckt eine Stunde lang bei Zimmertemperatur rasten lassen. Den Teig nun in Stücke à 60 Gramm teilen, die Stücke zu gleich dicken Strängen ausrollen. Jeweils vier Stränge zu einem Zopf flechten. Den Zopf auf das Backblech setzen und nochmals 30 Minuten bei Zimmertemperatur rasten lassen. Danach mit verquirltem Ei bestreichen und mit Mandelblättern bestreuen.

ZUTATEN

» 60 g Rosinen
» 20 ml Rum
» 600 g Dinkelvollkornmehl
» 21 g Hefe (½ Würfel)
» 220 ml Wasser (30 °C)
» 20 g geriebene und geröstete Mandeln
» 1 Vanilleschote
» 1 Eigelb
» 10 ml Zitronensaft
» 140 g Honig
» 50 g Topfen
» 35 g weiche Butter
» 10 g Salz
» Zum Bestreichen: 1 Ei, Mandelblätter

Den Zopf bei 220 °C in den vorgeheizten Backofen geben und nach 10 Minuten Backzeit die Hitze auf 170 °C reduzieren. Weitere 20 Minuten backen, bis der Zopf goldgelb ist.

Tipp: Wer mag, flechtet die Striezel nicht mit vier, sondern mit drei Strängen.

MIT SAUERTEIG

Für zwei Kastenbrote à 550 g

VIERERLEI

ZUBEREITUNG

Für den Sauerteig Anstellgut (bereits angesetzter Sauerteig), Roggenvollkornmehl und Wasser gut vermischen. Teig in eine Schüssel geben, mit einem Tuch zudecken und 24 Stunden bei Zimmertemperatur reifen lassen. Für das Quellstück das Roggenvollkornmehl, die Sonnenblumen- und Kürbiskerne, Sesam, Salz, Kümmel und Wasser vermischen und 24 Stunden bei Zimmertemperatur quellen lassen. Hefe und Wasser in einer Schüssel auflösen. Sauerteig und Quellstück vermischen. Die Wasserhefelösung gemeinsam mit dem Roggen- und Dinkelvollkornmehl und den Karotten zum Teig geben. Alles gut vermischen. Den Teig 30 Minuten rasten lassen. In zwei Teile à 750 g teilen. Den Teig in Sesam, Kürbis- und Sonnenblumenkernen wälzen. In eine Kastenform geben. Nochmals 30 Minuten rasten lassen.

ZUTATEN

Für den Sauerteig:

- 70 g Anstellgut
- 200 ml Wasser (28 °C)
- 200 g Roggenvollkornmehl

Für das Quellstück:

- 70 g Roggenvollkornmehl
- 50 g Sonnenblumenkerne
- 50 g Kürbiskerne
- 25 g Sesam
- 5 g ganzer Kümmel
- 13 g Salz
- 190 ml Wasser (28 °C)

- 5 g Hefe
- 60 ml Wasser (28 °C)
- 130 g Roggenvollkornmehl
- 150 g Dinkelvollkornmehl
- 125 g geraspelte Karotten
- Zum Wälzen: Sesam, Kürbis- und Sonnenblumenkerne

Die Brote bei 270 °C in den vorgeheizten Backofen geben. Die Temperatur nach 10 Minuten auf 180 °C reduzieren und 40 Minuten fertig backen.

OHNE SAUERTEIG

Für zwei Laibe à 450 g

DINKELVOLL-KORNBROT

ZUBEREITUNG

Für das Brühstück das Dinkelvollkornmehl mit dem fast kochenden Wasser gut verrühren und über Nacht zugedeckt im Kühlschrank quellen lassen. Am nächsten Tag die Hefe, das Wasser und das Backmalz in einer Schüssel gut auflösen. Diese Mischung zum Brühstück geben sowie Dinkelvollkornmehl, Sonnenblumenöl und Salz hinzufügen.

Alles zu einem geschmeidigen Teig verarbeiten. Den Teig eine Stunde lang rasten lassen. Danach den Teig in zwei gleich große Stücke teilen, zu zwei Laiben formen, auf ein Backblech setzen und nochmals gehen lassen.

Bei 250 °C im vorgeheizten Backofen 15 Minuten backen, danach die Hitze auf 170 °C reduzieren und ca. 30 Minuten fertig backen.

ZUTATEN

Für das Brühstück:

» 200 g Dinkelvollkornmehl
» 300 ml Wasser (90 °C)

» 10 g Hefe
» 150 ml Wasser (26 °C)
» 7 g Backmalz
» 440 g Dinkelvollkornmehl
» 10 ml Sonnenblumenöl
» 15 g Salz

OHNE SAUERTEIG

Für ca. 10 Stück

WEIZEN-KLEINGEBÄCK

ZUBEREITUNG

Für das Brühstück das Weizenvollkornmehl mit dem fast kochenden Wasser gut verrühren und über Nacht zugedeckt im Kühlschrank quellen lassen. Am nächsten Tag die Hefe, das Wasser und das Backmalz in einer Schüssel gut auflösen. Diese Mischung zum Brühstück geben und Weizenvollkornmehl, Sonnenblumenöl und Salz hinzufügen. Alles zu einem geschmeidigen Teig verarbeiten. Den Teig eine Stunde rasten lassen. Danach den Teig in Stücke à 60 g aufteilen. Zu Laibchen formen. Wahlweise mit Mohn, Sesam, Sonnenblumen- oder Kürbiskernen bestreuen.

ZUTATEN

Für das Brühstück:

» 100 g Weizenvollkornmehl
» 150 ml Wasser (90 °C)

» 5 g Hefe
» 75 ml Wasser (26 °C)
» 4 g Backmalz
» 220 g Weizenvollkornmehl
» 5 ml Sonnenblumenöl
» 7 g Salz
» Zum Bestreuen: Mohn, Sesam, Sonnenblumen- oder Kürbiskerne

Das Kleingebäck auf ein Backblech setzen und nochmals gehen lassen. Bei 250 °C im vorgeheizten Backofen 5 Minuten backen, danach die Hitze auf 170 °C reduzieren und 25 Minuten fertig backen.

MIT SAUERTEIG

Für drei Laibe à 750 g

ROGGENDINKEL-VOLLKORNBROT

ZUBEREITUNG

Für den Sauerteig Anstellgut, Wasser und Roggenmehl vermengen und 24 Stunden bei Zimmertemperatur (ca. 22–24 °C) reifen lassen. Die Schüssel mit dem Sauerteig mit einem Tuch zudecken.

Für das Quellstück Roggenvollkornmehl, Kümmel, Salz, Roggenbrotbrösel und Wasser gut vermischen und 24 Stunden bei Zimmertemperatur quellen lassen. Die Schüssel mit dem Quellstück ebenfalls mit einem Tuch zudecken.

Am nächsten Tag die Hefe mit dem Wasser gut auflösen. Den Sauerteig, das Quellstück, das Hefe-Wasser-Gemisch und die restlichen Zutaten zu einem geschmeidigen Teig verarbeiten. 30 Minuten rasten lassen. In drei Stücke teilen und zu Laiben formen.

ZUTATEN

Für den Sauerteig:

» 70 g Anstellgut
» 250 ml Wasser (28 °C)
» 300 g Roggenvollkornmehl

Für das Quellstück:

» 130 g Roggenvollkornmehl
» 9 g Kümmel (ganz)
» 16 g Salz
» 120 g Roggenbrotbrösel (von einem Altbrot aus Roggenmehl)
» 400 ml Wasser (30 °C)

» 10 g Hefe
» 100 ml Wasser (26–28 °C)
» 250 g Roggenvollkornmehl
» 200 g Dinkelvollkornmehl

Im vorgeheizten Backofen bei 250 °C 15 Minuten backen. Danach Temperatur auf 170 °C reduzieren und ca. 60 Minuten fertig backen.

MIT SAUERTEIG
Für ca. drei Stück à 550 g

KÜRBISKERN-STRIEZEL

ZUBEREITUNG
Für den Sauerteig Anstellgut, Wasser und Roggenmehl vermengen, in eine Schüssel geben, mit einen Tuch zudecken und 24 Stunden bei Zimmertemperatur (ca. 22–24 °C) reifen lassen. Für das Quellstück Roggenvollkornmehl, Kümmel, Salz, Roggenbrotbrösel und Wasser gut vermischen und 24 Stunden bei Zimmertemperatur quellen lassen. Die Schüssel mit dem Quellstück ebenfalls mit einem Tuch zudecken. Am nächsten Tag die Hefe im Wasser auflösen. Den Sauerteig, das Quellstück, die Wasserhefelösung und die restlichen Zutaten zu einem geschmeidigen Teig verarbeiten. 30 Minuten rasten lassen. In Stücke à 600 g teilen und zu länglichen Broten formen. Auf ein Blech setzen. Im vorgeheizten Backofen bei 250 °C 15 Minuten backen. Danach Temperatur auf 170 °C reduzieren und ca. 60 Minuten fertig backen.

ZUTATEN
Für den Sauerteig:
» 70 g Anstellgut
» 250 ml Wasser (28 °C)
» 300 g Roggenvollkornmehl

Für das Quellstück:
» 130 g Roggenvollkornmehl
» 9 g ganzer Kümmel
» 16 g Salz
» 120 g Roggenbrotbrösel (von einem Altbrot aus Roggenmehl)
» 400 ml Wasser (30 °C)

» 10 g Hefe
» 100 ml Wasser (26–28 °C)
» 250 g Roggenvollkornmehl
» 200 g Dinkelvollkornmehl
» 200 g Kürbiskerne

Für vier Stück
à 300 g

Dinkelspitz

ZUBEREITUNG

Dinkelmehl, Wasser, Salz und Hefe gut vermischen und 10 Stunden lang bei Zimmertemperatur rasten lassen. Dabei mit einem Tuch bedecken.

Salz, Hefe, Backmalz und Rohrohrzucker in Milch und Wasser auflösen. Dinkelmehl und Vorteig hinzufügen. Gut kneten und dann 30 Minuten rasten lassen. In vier Stücke teilen und zu Franzosen formen.

Auf ein Blech setzen und nochmals rasten lassen. Bei 240 °C in den vorgeheizten Backofen geben, die Temperatur nach 5 Minuten auf 170 °C reduzieren und 40 Minuten lang fertig backen.

ZUTATEN

Für den Vorteig:

» 106 g Dinkelmehl T 700
» 67 ml Wasser (28 °C)
» 2 g Salz
» 1 g Hefe

» 280 ml Wasser (28 °C)
» 7 g Hefe
» 19 g Salz
» 5 g Backmalz
» 23 g Rohrohrzucker
» 186 ml Milch
» 700 g Dinkelmehl T 700

Für einen Laib

Osterzopf

(Rezept von Eva Winkler-Hermaden)

ZUBEREITUNG

Milch leicht erhitzen, sie soll lauwarm sein. Alle Zutaten vermengen, Teig gut durchkneten und schlagen, bis er Blasen wirft. An einem warmen Ort eine Stunde gehen lassen. Backofen auf 180 °C vorheizen.

Teig noch einmal gut kneten, er darf nicht zu weich sein, gegebenenfalls etwas Mehl dazugeben. Nochmal kurz gehen lassen. Aus dem Teig auf einer bemehlten Fläche eine lange Rolle formen, in drei gleichmäßige Stücke teilen, einen Zopf flechten. Oberseite mit Eiklar bestreichen. Noch mal kurz gehen lassen, dann im Backofen 50 Minuten backen.

ZUTATEN

» 500 g Weizenmehl T 480
» 1 Päckchen Trockenhefe
» 250 ml Milch
» 1 Prise Salz
» Eiklar von 3 Eiern

Für einen Laib

Kletzenbrot

(Rezept von Eva Winkler-Hermaden)

ZUBEREITUNG

Backofen auf 200 °C vorheizen. Kletzen halbieren, Kerne entfernen. Kletzen und Dörrzwetschken klein schneiden. Nüsse hacken. Alle Zutaten in den Teig einarbeiten, gut kneten. Teig auf bemehlter Fläche zu einem länglichen Laib formen. Backblech mit Backpapier auslegen, Kletzenbrot 50–60 Minuten backen.

ZUTATEN

- 450 g fertigen Roggen-Brotteig vom Bäcker oder nach dem Rezept von Seite 162
- 200 g über Nacht in Wasser eingeweichte Kletzen, wenn die Dörrzwetschken sehr hart sind, ebenfalls einweichen
- 250 g Mischung aus Walnüssen, Haselnüssen und Dörrzwetschken (ohne Kerne)
- 1 Päckchen Vanillezucker
- 1 TL Zimt
- 1 Prise Salz
- etwas Mehl

10 Goldene Regeln fürs Brotbacken

1 WOHL TEMPERIERT

Die Zutaten zum Brotbacken sollten „warm" sein, am besten Zimmertemperatur zwischen 20 bis 24 Grad Celsius haben. Und auch wie's draußen ist, spielt eine Rolle – das werden Bäcker gern bestätigen. Wie kalt, wie warm, wie feucht ist es heute? Um auf die Wetterverhältnisse richtig zu reagieren, braucht es Erfahrung. Und bis man sich die erworben hat, lässt sich für den Anfang als Faustregel so viel sagen: Ist es heiß und trocken, kann man den Teig etwas weicher ansetzen und dazu kühles Wasser verwenden. Ist es kalt und trocken, eher lauwarmes Wasser verwenden, dann sollte der Teig auch an einem besonders warmen Platz rasten können.

2 KONSISTENZ

Den Teig anfangs lieber zu weich machen: Es ist leichter, im Nachhinein noch Mehl einzuarbeiten, als Wasser in einen zu festen Teig zu bekommen. Ein langzeitgeführter Teig, der 24 Stunden rastet, ist ideal, wenn er seidig-glänzend ist und sich leicht von der Schüssel oder vom Brett löst.

3 IN DER LUFT ...

... liegt alles, was der Teig an Hefen oder Bakterien braucht. Dieses Mikroklima ist aber in der Haushalts-Küche zwangsläufig anders als in einer Backstube. Reifezeiten daher daheim eventuell etwas verlängern – und nicht wundern, wenn das Ergebnis anders aussieht als vom Profi.

4 ZEIT, ZEIT UND NOCHMAL ZEIT

Das ist die wichtigste Zutat. Nicht nur, weil sie uns zeigt, dass manche Dinge eben nicht beschleunigt werden können. Die Hefezellen wollen sich in Ruhe vermehren, der Kleber des Mehles soll sich entspannen können. Sowohl die Teige (siehe Rezeptangaben) als auch die fertig geformten Brotwecken sollen rasten. Letzteres nennt man dann die Stück- oder Endgare.

5 AUS FEHLERN LERNEN

Das ist vielleicht der wichtigste Tipp, um sich nicht entmutigen zu lassen. Brotbacken bedeutet immer, mit lebendigem Material zu arbeiten. Einmal kann alles wunderbar klappen, dann wieder gar nicht. Einfach weiter probieren. Man kann dazu auch alle Erfahrungen schriftlich festhalten und daraus seine Schlüsse ziehen.

6 DER NASE NACH

Beim Ansetzen von Sauerteig auf die Nase vertrauen, er soll angenehm säuerlich riechen. Alles andere gehört nicht ins Brot.

7 MAHLWERK

Gewürze vor der Zugabe in den Teig mörsern oder mahlen, dann entfalten sie ihr Aroma am besten. Kümmel kann auch mit heißem Wasser überbrüht werden.

8 GUTE HITZE

Am besten schmeckt ein Brot wohl aus dem gemauerten Holzofen. Darum sollte man in der Küche versuchen, diese Bedingungen wenigstens zu imitieren. Brote daher nicht mit Heißluft backen, das kann die Teige zu sehr austrocknen. Ober- und Unterhitze sind besser geeignet. Sehr gute Dienste leistet ein Backstein, auf dem die Laibe gebacken werden, und der die Hitze perfekt speichert. Das kann auch ein simpler, flacher Granitstein aus dem Baumarkt sein.

9 SAURE BRÖSEL

Sauerteigansatz, der nicht benötigt wird, kann man zum Aufbewahren trocknen, indem man ihn mit so viel Mehl vermischt, bis er bröselig wird.

10 MUSTERGÜLTIG

Um die Kruste besonders schön zu gestalten und an einzelnen Stellen gewollt aufspringen zu lassen, wird sie vor dem Backen eingeschnitten. Die französischen Bäcker nehmen dazu traditionell Rasierklingen, um auf dem Baguette die vorgeschriebenen sieben Schnitte exakt anzubringen. Aber es geht auch mit einer guten Küchenschere (damit kann man auch Muster „zupfen") oder mit jedem anderen, scharfen Messer, um Sterne, Karos oder andere Linien einzuschneiden. Ursprünglich war das Muster im Brot eine Art Signatur, um es nach dem Backen wiederzuerkennen, wenn etwa mehrere Familien einen Backofen genützt haben. Darüber hinaus gibt es auch Brotstempel, die in die Unterseite gedrückt werden.

Erste Hilfe beim Brotbacken: Wenn's nicht optimal läuft ...

... dann ist das noch lange kein Grund zum Verzweifeln. Auch Profis kann es passieren, dass etwas vergessen wird, nicht gelingt oder klappt. Die gute Nachricht: Beim Brotbacken lernt man aus Fehlern enorm viel.

Das Brot hat wenig Aroma: Das nächste Mal mehr Salz zum Teig geben. Auch zu viel Hefe oder ein zu schwach gesäuerter Teig kann die Ursache sein.

Kastenbrot ist an der Oberfläche eingefallen: Es wurde zu kurz oder zu kalt gebacken.

Auffällige Hohlräume im Teig: Die Teiglinge wurden nicht intensiv genug bearbeitet oder die Ober- und Unterhitze war zu hoch.

Zu dicke, verbrannte Kruste: Dieses Brot war zu lang im Ofen, oder der Ofen war zu heiß.

Das Brot schmeckt sehr sauer: Ursache kann da ein zu alter, überreifer Sauerteig sein oder der Anteil von Sauerteig im Brot ist zu hoch.

Bio-Bäcker der ersten Stunde

Manch einem wird an der Wiege gesungen, wie das Leben verlaufen wird. Jakob Itzlinger, Jahrgang 1954, hat's in der Wiege gerochen: Wenn in seinem Elternhaus Brot im Holzofen gebacken wurde, stieg der Duft hinauf ins Kinderzimmer. Derart frühkindlich geprägt wurde er Bäcker.

Die Alternative, die elterliche Mühle zu übernehmen, bestand nicht mehr. 1964 war es zu Ende mit der etwa 200-jährigen Familientradition, der letzte Bauer in Feistenau gab auf, Jakobs Vater stellte den Betrieb der Karlmühle am Brunnbach ein. Generationen von Bauern aus der Umgebung hatten dort ihr Getreide abgeliefert, als Mahllohn durfte der Müller 10 Prozent behalten. Das Brot, das er herstellte, diente dem Eigenbedarf, der Überschuss wurde verkauft. In seiner Kindheit, sagt Itzlinger, haben die Bauern noch überwiegend selbst gebacken. Abnehmer für das Brot des Müllers waren Lebensmittelläden. Daran, wie der Vater den Wagen belud und mit seiner Ware von Geschäft zu Geschäft fuhr, kann er sich noch erinnern. Ebenso wie an den Geschmack des frisch gebackenen Brotes, das er als Bub zum Frühstück bekam – mit Butter und Marmelade.

Nach der Ausbildung zog es den Bäckermeister Ende der 1970er-Jahre wieder nach Hause. Er arbeitete in einer Bäckerei und begann in der Freizeit mit Roggenvollkornbrot zu „experimentieren", wie er sagt. Damit schlug er einen Weg ein, der damals noch kein Trampelpfad und noch nicht mit „Bio" beschildert war. Zurück zur Kraft und Vollwertigkeit des ganzen Korns, zurück zum Roggenbrot – Itzlinger gilt als Pionier der Biobewegung. Anfangs buk er nur kleine Brötchen: Es gab nur eine Sorte, ein Roggenbrot, von dem er pro Woche 10 Kilogramm herstellte, die Käufer waren Freunde und Nachbarn.

Zum Experiment gehörte auch, dass er sich mit dem Getreide beschäftigte und zu denen ging, die es anbauten. „Am Anfang waren wir zwei Idioten. Der Bauer hat nicht gewusst, was Backqualität ist, und ich hab nicht gewusst, was gute Getreidequalität ist."

Am Anfang buk Jakob Itzlinger nur ein Roggenkastenbrot, heute hat er diverse Sorten im Angebot. Sein Flaggschiff ist immer noch das Roggenbrot.

Heute bezieht er sein Getreide von Bauern, die er kennt und auf die er sich verlassen kann. Und er besitzt ein umfassendes Wissen, was die Qualität des Getreides betrifft. Wenn er erzählt, wie er mit den Bauern zusammenarbeitet, entsteht ein Bild, das man der Genremalerei des 19. Jahrhunderts zuordnen möchte: Zwei Männer schreiten durch ein reifes Kornfeld, blicken zum Himmel, der sich dunkel färbt, prüfen den Boden, fühlen die Ähren. „Mich interessiert, wie's Köriidl ausgebildet ist. Dann weiß ich, womit ich rechnen muss. Wenn das Getreide zum Beispiel am Waldrand steht, hat es weniger Sonnentage und damit weniger Kleberausbildung. Der Mineralgehalt des Bodens ist wichtig. Je nach Höhenlage variiert die Feuchtigkeit. Getreide, das auf 700 Meter wächst, ist anders als Getreide, das auf 400 Metern steht. Wenn's trocken war, weiß ich, der Mehlkörper ist geringer. Heute ist es ja so: Der Bauer macht die Prognose und die genaue Analyse des Korns kommt aus dem Labor. Der Bäcker muss dann reagieren und den Sauerteig je nach Getreidequalität anders ansetzen. Die lange Teigführung erlaubt einzugreifen, aber das muss man natürlich können."

1983 übernahm der Sohn den väterlichen Betrieb und bekam einen Standplatz auf dem Schrannenmarkt in Salzburg. Damit begann der Boom, die Leute waren begeistert, die Produktion stieg von 10 Kilogramm auf ein paar 100 Kilogramm pro Woche. Heute ist Itzlinger-Brot auf diversen Märkten zu kaufen, pro Woche verlassen 4.000 Kilogramm den Ofen – neben Kleingebäck und Kuchen. Sechs Bäcker, ein Lehrling

dinkelvollkorn-
buttertoast
mit bio-real hefe
600g € 4,20
kamutvollkorn-
brot
500g € 4,20
toast aus
weizenmehl
mit bio-real hefe
500g € 3,40
faistenauer
roggenbrot
mit natursauerteig
1kg € 4,00

Früher verkaufte Itzlinger sein Brot an Nachbarn und Freunde, heute ist es in diversen Läden und auf Märkten zu erhalten.

und zwei Konditoren sind fast rund um die Uhr beschäftigt, die erste Schicht beginnt um 22 Uhr, wenn die letzten Bäcker gegen 8 Uhr nach Hause gehen, übernehmen die Konditorinnen. Anders als noch vor 10, 20 Jahren hat sich die Personalsituation verbessert. „Früher hat man gesagt: ‚Wer dumm ist, wird Bäcker.' Heute ist es ein Wunschberuf, in dem der Anteil an Männern und Frauen etwa gleich ist."

Itzlinger hat 15 Brotsorten im Angebot, zu Weihnachten macht er Kletzenbrot, auch zu Ostern und Allerheiligen fertigt er Brauchtumsgebäck. Sein Flaggschiff ist nach wie vor das Roggenbrot, und wenn man ihn fragt, warum das so besonders gut ist, antwortet er selbstbewusst: „Weil der Sauerteig passt." Dann verrät er aber doch noch ein Geheimnis, das zur Qualität beiträgt: Das Wasser kommt aus der eigenen Quelle, die er neu ausgebaut hat. „Ich will individuelles Wasser, das Wasser ist wichtig für die Reaktion von Sauerteig, da geht es um den pH-Wert."

Trotz der langen Berufserfahrung und des Erfolges – Jakob Itzlinger hat mit dem Experimentieren nicht aufgehört. So hat er sich auch Gedanken gemacht, wie Dinkel optimal verarbeitet werden kann. „Dinkel ist ein für die Ernährung hochwertiges Produkt, das lange Zeit in Vergessenheit geraten war. Früher wurde Dinkel vor allem in Höhenlagen angebaut, heute ist es ein Massenprodukt geworden, bei dem man auf Qualität achten muss. Maximal drei der Sorten sind echter Dinkel, ich beziehe meinen aus der Umgebung. Dinkel ist nussiger, süßlicher und geschmeidiger als Weizen, aber er neigt zum Trockenwerden. Das kann man durch einen Vorteig verhindern, dadurch verbessert man den Geschmack und das Brot bleibt länger feucht und damit länger frisch."

Der Vater, der mit Weizenmehl gebacken hatte, sah die Experimente des Sohnes am Anfang übrigens skeptisch. „Als ich mit Vollkornroggenbrot angefangen hab, hat er gesagt: ‚Du verarbeitest ja Schweinefutter.' Früher haben sie die Kleie den Schweinen gegeben. Die haben das Beste bekommen: Schale und Keimling, da sind die wertvollen Vitamine, Mineralstoffe, Spurenelemente und die wichtigen Faseranteile drin. Ich hab geantwortet: ‚Dann essen wir weniger Fleisch und dafür essen wir das, was die Schweine fressen.'"

Ein schöner Satz aus dem Munde eines Pioniers der Bio-Bewegung, aber als Werbeslogan für die Vermarktung von Bio-Produkten wohl doch nicht geeignet.

DENISE PÖLZELBAUER

Auf eigene Art einem BEISPIEL FOLGEN

„Auf eigene Art einem Beispiel folgen, das ist Tradition." Thomas Mann hat diesen Satz geschrieben, der als Motto für den Werdegang von Denise Pölzelbauer stehen könnte. Das Beispiel setzten der Großvater Horst Pölzelbauer und die Generationen vor ihm: Seit 1930 ist die Bäckerei in Brunn an der Pitten im Familienbesitz. Er habe eigentlich Tischler werden wollen, erzählt Horst Pölzelbauer, aber das ging nicht, er musste den Betrieb übernehmen. Seiner Enkelin, die bei den Großeltern aufwuchs, hat er die Wahl gelassen. Sie wollte zwar als Zehnjährige Bäckerin werden, aber als dann die Pubertät kam, wurde ihr klar, dass Nachtarbeit und Teenagerinteressen nicht kompatibel sind. „Ich wollt halt einfach net in der Nacht aufstehen", sagt sie heute. Und so absolvierte sie eine Ausbildung zur Bürokauffrau.

Immer nur am Schreibtisch zu sitzen war aber dann doch nichts für die junge Frau, die in der Wärme der Backstube aufgewachsen war, in der noch ein über 130 Jahre alter Steinofen steht. Der Opa gab ihr die Chance und eine Lehrstelle, aber keine Vorzugsbehandlung. Sie musste das Handwerk von der Pike auf lernen. Und selbstverständlich in der Nacht aufstehen. Die Meisterschule beendete Denise 2006 mit Bravour. „Bei der Prüfung waren zwölf Leut' aus ganz Österreich, ich war des einzige Madel, ich war die Jüngste und die Einzige mit Auszeichnung. Also des war dann scho cool."

Im selben Jahr übergab der Großvater den Betrieb. Die Dreiundzwanzigjährige konnte nun auf eigene Art agieren und sich entscheiden, ob sie dem Beispiel folgen wollte. Was die Qualität betrifft, reihte sie sich in die Riege der Altvorderen: Nach wie vor werden Brot und Gebäck in der Bäckerei Pölzelbauer in reiner Handarbeit hergestellt, und dass Zusatzstoffe und Tiefkühlprodukte in der Traditionsbäckerei nichts zu suchen haben, versteht sich von selbst. Auch die bewährte Mannschaft behielt sie bei. Der Altgeselle Ernst Grangl, seit 1989 Teil der Bäckerfamilie, gehört noch heute zum Team. Die Filialen der Bäckerei aber schloss sie, sie wollte nicht expandieren und dabei qualitativ Kompromisse eingehen. „Lieber ein Geschäft und des super." Um diesen Superlativ zu erreichen, gestaltete sie den Laden neu und modern – wo die Kunden einkaufen, war früher ihr Kinderzimmer.

„Eigene Art", das heißt auch Öffnung, Blick in andere Kulturkreise. Denise begann sich mit der Traditionellen Chinesischen Medizin und deren Ernährungslehre zu beschäftigen: Die Zutaten werden nach den fünf Elementen Holz, Feuer, Erde, Metall und Wasser klassifiziert. Jedes Element steht für eine Geschmacksrichtung und hat unterschiedliche energetische und thermische Wirkungen. Was die junge Bäckermeisterin kreiert, soll nicht nur köstlich schmecken, es soll dem Körper auch wohltun. Wie das Weingebäck, das sie nach eigener Rezeptur und im Einklang mit der Fünf-Elemente-Lehre entwickelte. „Das ist so entstanden, dass ich mir gedacht hab, wenn man am Wochenende weggeht und in einer Bar sitzt, kriegt man immer diese grausligen Erdnüsse. Und dann hat mir ein Kunde aus Italien so ein Gebäck gebracht, das die Italiener zum Wein essen. So ein riesiger Fladen mit sehr viel Olivenöl und da hab ich mir gedacht, das muss man doch anders machen können, was zum Knabbern auf gesunder Basis, was aber sehr gut schmeckt."

Experimente mit Traubenkernmehl führten schließlich zur Entwicklung des Weingebäcks: Die dünnen Teigblätter werden in Handarbeit hergestellt, Denise Pötzelbauer bietet fünf Sorten in unterschiedlichen Geschmacksrichtungen: neutral, mit Rosmarin, Chili und Sesam, Zwiebel und Thymian, Knoblauch und Majoran. „Sie sind mit dem Traubenkernmehl so reizvoll, weil das enthält ja das OPC, das auch die freien Radikalen neutralisiert. Und das ist der wichtige Aspekt beim Weingebäck. Es ist die gesunde Alternative zum Knabbern. Es schmeckt köstlich und passt optimal dazu, wenn man ein Glas Wein trinkt."

1.000 Packungen fertigen Denise und ihre drei Angestellten täglich in Handarbeit, das Gebäck hält ein Jahr und kann auch exportiert werden. Mit dem Erfolg dieses Produkts änderte die Bäckermeisterin ihre Angebotspalette: Gebäcke, die der Großvater noch fertigte, wie Kipferl, Semmeln oder Krapfen stellt sie nicht mehr her, aber dem Natursauerteigbrot ist sie treu geblieben. Zweimal pro Woche werden fünf Sorten Roggenbrot gebacken: Sonnenblumen-, Walnuss-, Kürbiskern-, Haus- und Bauernbrot. Der Großteil der Ware geht nach Wien, der Laden ist nur noch am Samstagvormittag geöffnet. „Es hat sich so viel geändert, es ist unglaublich, was sich alles geändert hat. Die kleinen Bäckereien gehen nach der Reihe alle ein. Es ist fürchterlich, man muss eben diese Schiene fahren, die wir fahren, da fährt man gut. Man muss einfach mit der Zeit gehen und seinen Weg finden. Da darf man nicht wehmütig dem nachschauen, was früher war. Früher war mal, jetzt ist jetzt. Wichtig ist die Qualität, das ist ein Wert von früher, Handarbeit, beste Zutaten, wir sind 100 Prozent Demeter zertifiziert, das ist mir wichtig, nicht ein großes Sortiment. Mein Lebensgefährte, die haben eine große Demeter-Landwirtschaft im Burgenland, da bekomm ich mein Mehl her. 2014 haben wir uns eine Mühle gekauft und jetzt vermahlen wir den Roggen und die Traubenkerne auch selbst."

Ihren Weg auf eigene Art zu gehen und Weingebäck und Brot zum Kerngeschäft zu machen, hat Denise Pölzelbauers Leben von Grund auf verändert. Was sie anfangs hinderte, den Traumberuf zu ergreifen, ist nun kein Thema mehr: „Seit wir diesen Schritt gemacht haben vor zwei Jahren, haben wir jetzt eine Super-Fünf-Tage-Woche und keine Nachtarbeit mehr. Auch das Brot machen wir am Tag vor der Auslieferung, das hält zehn Tage, ob das jetzt ein paar Stunden auf dem Bäckerregal liegt, ist doch egal. Das ist für jeden von uns eine viel bessere Lebensqualität. Das ist wirklich spitze so und jetzt hab ich auch mehr Zeit für meine Hobbys wie Reiten, Laufen und Yoga."

Geheimrezept aus dem BACKOFEN

Dass ein Heuriger sich mit Lebensmitteln aus der eigenen Landwirtschaft versorgt, wäre ja nichts Außergewöhnliches. Dass sogar Spezialgebäck entwickelt wird, aus dem die Brösel für die Schnitzelpanier gemacht werden, allerdings schon.

Wenn man den Heurigen von Familie Reiß betritt, dann steigt's einem gleich einmal unvergleichlich fein in die Nase: der warme, würzige Duft von frisch gebackenem Brot.

„Das war so eine plötzliche Idee von mir", schmunzelt Vater Siegbert dazu. Er hat den neuen Backofen nämlich an einem besonderen Platz aufgestellt: mitten in der Gaststube. Der Herd als Seele des Hauses sozusagen. Die Spezialverkleidung dafür hat er selbst gezimmert. Wie übrigens auch die ganze Einrichtung des Lokals. „Wenn's sein muss, bin ich halt auch der Haustischler."

In aller Früh war der Siegbert heute schon am Werken und hat das Brot „eing'schossen". Und jetzt sind sie fertig, die knusprigen, kleinen Spezialweckerln, die dicht an dicht auf dem Blech liegen und fürs Erste einmal auskühlen dürfen.

Vater und Sohn Reiß betreiben hier im Grazer Umland nahe dem Hausberg Schöckel eine Landwirtschaft und einen sehr speziellen Heurigen. Die Produkte dafür werden mit wenigen Ausnahmen gänzlich im eigenen Betrieb hergestellt. Gleich nebenan im lang gestreckten Wirtschaftstrakt findet sich alles, was die beiden dafür brauchen: die Selch und die Fleischhauerei, in der Speck, Blunzen oder Breinwurst hergestellt werden; die Produktionsstätte für Saft, Most und Schnaps mitsamt dem alten, gemauerten Brennofen; ein eigener Schlachtraum, in dem die Tiere möglichst stressfrei geschlachtet werden; die Backstube, wo der richtig große Ofen steht; und ganz hinten im Stadel, da ist der Platz der Mühle, in der das eigene Getreide je nach Bedarf frisch vermahlen wird.

Siegbert Reiß ist in vierter Generation auch der Bäcker in der Familie. Herzhaftes Bauernbrot wird von ihm das ganze Jahr über zubereitet, die Buchteln stammen ebenfalls vom Senior. (Wenn nicht der Fleischhauer des Ortes mithilft, der dafür „ein unglaubliches G'spür" hat, wie der Sohn erzählt, – aber das nur der Vollständigkeit halber.) Vor Weihnachten gibt es hausgemachtes Kletzenbrot und zu Ostern traditionelle Pinzen.

Kleine Weckerln mit großem Knusperanteil: Vater Siegbert Reiß ist für die Basis der Bröselherstellung zuständig.

Bauernhof Reiß

Wenn in der Küche die Brösel zur Neige gehen, werden einfach neue gebacken. Rechts: Kaiserbrösel für ein Kaiserschnitzel: Die fertigen Weckerln dürfen nicht zu fein vermahlen werden.

Der hofeigene Weizen ist dabei die Basis für ein ganz besonderes Produkt aus dem Hause Reiß. Siegbert und Siegmar stellen selbstgemachte Brösel her. Und das kam so: „Manche Gäste wollten für die Kinder ein Schnitzel bestellen", erzählt Sohn Siegmar, „doch wir hatten keines auf der Karte, weil wir der Meinung waren, dass ein ganz normales Schnitzel eh überall zu bekommen ist."

Also überlegte man, was ein Schnitzel denn haben müsste, damit es zur Reiß'schen Philosophie passen könnte. Und Papa Siegbert begann, die Familie wochenends quasi im Selbstversuch mit Schnitzel zu bekochen. Bald war klar, dass die perfekte Panier das Geheimnis sei. Oder eigentlich noch einen Schritt weiter gedacht: das möglichst knackige Brot, um daraus Brösel herzustellen.

Also begann Siegbert zu experimentieren. Er wollte Weizenbrot mit besonders viel Krustenanteil herstellen, damit das Endergebnis der vermahlenen Brösel eine besonders knusprige Panier ergeben würde. Lang wurde getüftelt und probiert und dann war's geschafft. Zwei Sorten von Bröseln werden heute sowohl für die Küche als auch für den Ab-Hof-Verkauf hergestellt – dunkle Vollkornbrösel und helle Kaiserbrösel.

Siegmar, der Wirt und Koch, war von dem Produkt von Anfang an begeistert. „Es ist toll, wenn wir damit zum Beispiel die Leberknödel für die Suppe machen. Dazu mahlen wir die Weckerln eher grob und die Knödel werden unglaublich flaumig." Vom Schnitzel, das mittlerweile „Kaiserschnitzel" heißt, ganz zu schweigen: „Die Gäste lieben es."

Vermahlen wurden die Bröselweckerln übrigens die längste Zeit nach guter, alter Art. „Wir waren echt glücklich, dass wir noch eine alte Getreidemühle auf dem Dachboden gefunden haben. Die schaffte den perfekten Mahlgrad, die Brösel waren nicht zu grob und nicht zu fein, sondern genau richtig." Irgendwann wurde die benötigte Menge dann doch zu groß und man entschloss sich zum Ankauf einer Profi-Bröselmühle. „Aber die alte, handbetriebene Mühle", erklärt Siegmar, „die geben wir sicher nicht her. Man weiß ja nie ..."

Die Brösel sind mittlerweile zu einem regionalen Geheimrezept geworden, das viele Heurigenbesucher mitnehmen, um es daheim anzuwenden. Denn wenn die Kinder einmal ein Kaiserschnitzel gegessen haben, dann wollen sie einfach kein anderes mehr.

Alt, aber gut!

Haltbarkeit war bei Brot immer ein wichtiges Kriterium. Dass man es „frisch“ essen sollte, war dagegen lange Zeit nicht üblich, ja geradezu verpönt.

Wenn man mit Lebensmitteln sparsam umgehen muss, dann sind sie wertvoll. Und sie sollen lange haltbar sein. Brot gehörte in unseren Breiten immer schon zu den kostbarsten Lebensmitteln. Mehl lieferte dafür auch den langen Winter über Nahrung. Und wer jeden Tag Brot hatte, konnte sich und seine Familie durchbringen. Brot war heilig, und es wurde sehr sorgfältig aufbewahrt – am besten im Kühlen und unerreichbar für Mäuse. Regelmäßig wurde es gebacken, entweder im eigenen Backofen oder in einem Gemeinschaftsofen. Auch der selbst angesetzte Sauerteig war in den meisten Haushalten selbstverständlich.

Aus dem Schweizer Kanton Wallis ist bekannt, dass in der Ortschaft Törbel sogar nur einmal im Jahr gebacken wurde. Jedes Jahr in der Zeit nach Weihnachten wurde dann im großen Backhaus der Jahresvorrat für alle Familien hergestellt. Jeder kam der Reihe nach dran und hatte dann mehrere Stunden Zeit, Brot um Brot zu backen. Dann wurde das wertvolle Lebensmittel auf den Dachboden gelagert, wo es den Winter über problemlos und tiefgefroren überstand. Danach, wenn Sonne und Hitze langsam Einzug hielten, wurde es eben im getrockneten Zustand gegessen.

Frisches Brot soll man nicht essen, das verursacht Blähungen, hieß es früher oft. Und tatsächlich blieb Brot mindestens ein oder zwei Tage liegen, bevor es angeschnitten wurde. In Wahrheit steckte wohl auch dahinter, dass trockenes Brot vor allem ergiebiger war. Man kaute es länger, wurde daher schneller satt und aß vielleicht auch nicht ganz soviel wie von einem frischen, weichen, duftenden Wecken.

Zudem waren die Rezepturen und Backtechniken anders. Schwere Roggensauerteigbrote wurden gut und lange gebacken – und hielten dann auch dementsprechend länger frisch. Eine dicke Rinde schützte es vor dem Austrocknen, und die Krume gab die Feuchtigkeit nicht so schnell ab.

Wird Weißbrot alt, so setzt im Laufe der Zeit die sogenannte Retrogradation ein. Dabei bildet sich die zuvor verkleisterte Stärke wieder zurück, das Brot gibt Feuchtigkeit ab und wird „altbacken“. Mittels Erhitzen kann dieser Prozess kurzfristig umgekehrt werden – darum schmeckt getoastetes, wieder aufgebackenes, nicht mehr ganz frisches Weißbrot gleich um einiges besser.

Schwarzbrotsuppe

ZUTATEN
- 800 ml Selchsuppe (oder andere Suppe)
- 120 g in Würfel geschnittenes Schwarzbrot
- 1 kleine Zwiebel
- Butter oder Schmalz
- 1–2 Eier
- Salz

ZUBEREITUNG
Zwiebel fein schneiden, Schmalz erhitzen und Zwiebelstücke darin goldbraun rösten. Brot dazu geben, kurz durchrühren und alles mit der Suppe aufgießen. 8–10 Minuten kochen lassen, dann mit dem Stabmixer aufmixen. Eier versprudeln, etwas salzen und in die heiße Suppe einlaufen lassen. Eventuell noch mit gerösteten Schwarzbrotwürfeln servieren, und wer will, schneidet auch noch ein Paar Frankfurter hinein.

Brotauflauf

ZUTATEN
- 200 g Schwarzbrot
- 350 ml Milch
- 200 g geriebener Bergkäse
- 4 Eier
- 1 EL fein gehackte Petersilie
- Salz, Pfeffer, Muskatnuss
- Butter zum Einfetten der Backform

ZUBEREITUNG
Den Backofen auf 150 °C vorheizen. Das Brot grob würfeln und mit der Milch übergießen. (Die Milch sollte nicht kalt sein.) Eier trennen. Eigelb mit dem geriebenen Käse versprudeln, eventuell auch noch einen Schuss Milch dazugeben und gemeinsam mit der gehackten Petersilie unter die Brotwürfel heben. Masse salzen, pfeffern und mit Muskat würzen. Eiklar mit etwas Salz zu Schnee schlagen und unterheben. Eine Bratreine einfetten und die Masse einfüllen, falls vorhanden, noch mit etwas geriebenem Käse bestreuen. Bei 150 °C 40–45 Minuten backen.

Gebackene Brotschnitten als Suppeneinlage

ZUTATEN
- 4 Scheiben aufgeschnittenes Schwarzbrot
- 1 Ei
- 125 ml Milch
- 2 EL Mehl
- Salz
- Öl oder Butterschmalz zum Herausbacken
- 1 l Rindsuppe mit Fleischeinlage (Rindfleisch) und aufgeschnittenem Suppengemüse

ZUBEREITUNG
Aus Ei, Milch und Mehl einen Palatschinkenteig rühren, etwas salzen. Die Brotscheiben durch den Teig ziehen und im heißen Fett herausbacken. Schnitten auf den Suppenteller legen, einmal quer durchschneiden und mit heißer Fleisch-Gemüsesuppe übergießen.

Über die Autorinnen

ELISABETH RUCKSER
beschäftigt sich als freie Journalistin und Autorin seit knapp 20 Jahren mit dem Thema hochwertige Lebensmittel. 2016 hat sie die „Erste Waldviertler Bio-Backschule" gegründet, sie schreibt regelmäßig Beiträge für das Magazin *Servus in Stadt & Land* und hat mehrere Bücher verfasst, unter anderem *Aus Omas Kochbuch*, *Strudel und Striezel* und *Einfach gut einkochen*. Sie lebt und arbeitet in Wien und im niederösterreichischen Waldviertel.

CHRISTINE METZGER
arbeitet seit 1985 als selbstständige Journalistin, Herausgeberin und Autorin. Zuvor war sie als Lektorin in zwei renommierten Großverlagen in München und Köln tätig. Sie lebt und arbeitet in München.

MIX
Papier aus verantwortungsvollen Quellen
FSC® C020353

1. Auflage

Gesetzt aus der Hoefler Text

Medieninhaber, Verleger und Herausgeber:
Red Bull Media House GmbH
Oberst-Lepperdinger-Straße 11–15
5071 Wals bei Salzburg, Österreich

Satz: Christian Schaarschmidt, Peter Feierabend
Coverfotos: Andrea Peller

Fotos Innenteil: Peter Podpera, außer: S. 2-3, 117, 126-141, 148, 156, 198, 202–203, 214: Stefan Pfeiffer; S. 15: Mauritius Images/Imagebroker/BAO; S. 16: Österreichische Lichtbildstelle/ÖNB-Bildarchiv /picturedesk.com; S. 17: ÖNB/Pichier; S. 18, 20, 21, 49, 212–213: Magdalena Lepka; S. 22, 52, 116: Edition Winkler-Hermaden/Hermine Reiskopf; S. 24: Edition Winkler-Hermaden/Felix Ernst; S. 26-27: Salzburger Land Tourismus GmbH/Edith Danzer; S. 28, 29, 44, 61: ÖNB; S. 32: Bildarchiv Hansmann/Interfoto/picturedesk.com; S. 33: Edition Winkler-Hermaden/Helmut Bergmann; S. 35, 39: Edition Winkler-Hermaden/Karl Nemecek; S. 36: Mauritius Images/Imagebroker/Sonja Jordan; S. 39 Kundmachung: Edition Winkler-Hermaden/Gerold Blei, S. 39 unten: Edition Winkler-Hermaden/Herbert Eder; S. 43 links: Edition Winkler-Hermaden/Gottfried Heindl; S. 41, 43 rechts, 122: Scherl/SZ-Photo/picturedesk.com; S. 45 Eselmehl: Edition Winkler-Hermaden/Horst Beer, S. 45: Bildarchiv Hansmann/Interfoto/picturedesk.com; Scherl/SZ-Photo/picturedesk.com; akg-images/picturedesk.com; S. 46, 70/71, 162, 177: Eisenhut & Mayer; S. 48, 59, 62, 73, 78: Mauritius Images/Alamy; S. 50: Peter Rigaud c/o Shotview Syndication; S. 54 TV yesterday/Interfoto/picturedesk.com; S. 55: Mauritius Images/Foodcollection; S. 56: Fotolia; S. 58: Mauritius Images/Imagebroker/Helmut Meyer zur Capellen; S. 64, 65, 66: Monika Löff; S. 68: Andrea Peller; S. 72: Mauritius Images/Garden World Images; S. 79 Ernst Weingartner / picturedesk.com; S. 81: Mauritius Images/ImageBroker/Wilfried Wirth; S. 82: Mauritius Images/ImageBroker/Thorsten Jochim; S. 85: Mauritius Images/ImageBroker/Werner Bachmeier; S. 86: Mauritius Images/ImageBroker/Christian Guy; S. 89: Mauritius Images/ImageBroker/Torsten Schon; S. 90: Mauritius Images/westend61; S. 95: Mauritius Images/DK Images; S. 114: Privatarchiv Dyk; S. 121: ÖNB/Blaha; S. 123: Mauritius Images/ImageBroker/Günter Lenz; S. 124: Salzburg Museum; S. 151: Mauritius Images/David & Micha Sheldon; S.152–153: Dieter Brasch; S. 192–195: Markus Bassler; S. 204: Privat; S. 207–209: Philip Platzer

Printed in Europe

ISBN 978-3-7104-0169-5